生命，因閱讀而大好

大人系聰明心理學

50個趣味心理學培養成長心態，找回生活掌控感

韓國人氣心理學家
許用會 허용회 / 著

馮燕珠——譯

심리학을 만나 똑똑해졌다

序

學一學心理學，人生就順暢了

假設你被賦予了無所不知的能力，有一天的時間可以觀察一個男人。他是一個有著普通收入、普通的人際關係、普通能力的人，而有一些尚未展現的潛力在他體內蠢蠢欲動。他只有一個問題，就是視力不好，但儘管如此，他仍不願意戴眼鏡。

他的一天從起床、準備上班開始，但同時也是苦難的開始。他想進入浴室，腳趾卻撞到門檻，痛得在地上打滾。本想洗臉，卻看錯了容器上的字，誤拿洗髮精來洗臉。換衣服時因為看不清襯衫釦子孔，所以把釦子扣歪了。一早就碰碰撞撞渾身是傷，他一副狼狽樣走出家門，因為看錯了公車號碼而坐錯車，偏偏這天有重要會議，結果他不幸遲到了，氣喘吁吁加上扣歪鈕釦的襯衫，給客戶留下「邋遢」的印象。

剛開始一、兩次失誤，他以為只是自己一時疏忽，自我安慰「人難免都會失誤」。但是當失誤反覆出現，他漸漸開始自責：「我為什麼會這樣」、「我是不是能力很差」、「為什麼要讓我誕生在這個世界上？」

今天一整天都搞砸了，他氣憤、委屈、鬱悶，躺在床上睡不著覺，輾轉反側。觀察了他一整天的你，這時也許已經忍不住想大喊：「拜託你戴上眼鏡吧！」

如果說這種愚蠢而荒唐的事也經常在我們自己身上發生，你會相信嗎？仔細回想因為鬱悶、諸事不順、一直覺得提不起勁、什麼事都不想做的一天，當你度過這樣的一天時，也會感到沮喪和憂鬱，想吶喊「為什麼會這樣」、「我的能力怎麼會那麼差」，就像前面提到那個不戴眼鏡的人一樣。

當生活不如意時，我們所需要的不是充滿快樂的新生活，而是能讓模糊的內心和生活變得鮮明的「眼鏡」，這樣就足夠了。

這本書將為你戴上「心理學」眼鏡，透過這副眼鏡，你可以更清晰地看待生活，獲得了解自己內心的視力。而且透過這些，才能確認折磨我們生活的「真正」問題，也就是「心靈問題」。

反覆失敗的人很容易認為是自己「能力」不足。他可能會羨慕麥可．喬丹、賈伯斯或巴菲特等成功人士具有「與生俱來的天賦」，為自己的「平凡」感到羞愧。但是戴上心理學的眼鏡，就會發現問題不在於「能力」，而在於「內心」。

大家公認的「籃球天才」麥可．喬丹，在幼年時期也不是非常引人注目的選手。他甚至在大學籃球隊選拔中落選。儘管如此，喬丹後來卻能夠成為NBA的傳奇，為什麼呢？那是因為他具有心理學中所說的「成長型思維」（Growth Mindset）。成長型思維是指個人的能力並非與生俱來就固定的，而是完全可以根據努力而成長的「信念」。

根據研究顯示，具有「成長型思維」的人能比一般人更快從失敗經驗中恢復，不怕挑戰，比起結果更重視過程。最終，為喬丹創造「傳奇」稱號的不是他天生的能力，而是不怕失敗的「心態」。

再舉一個例子。有些人會怪自己注意力不集中，怪自己沒有毅力。聽那些有著強大精神力和意志力的成功人士的故事，一邊思考「我為什麼不能像他那樣」，一邊覺得自己很寒心。但是戴上心理學的眼鏡看自己，就會發現精神力和意志力不足不是天生的，而是從「自我損耗」（Ego Depletion）的心理狀態中誘發。所謂「自我損耗」，是指我們的精神力有固定的量，如果超過這個量，就會做出不合理的選擇或感到倦怠。

研究顯示，越不喜歡、越不熟悉的事，消耗的精神資源就越多。因此越是處於緊張或不舒服的狀態，人就會越快陷入自我損耗的狀態。

如果知道這些事實後重新檢視自己，就會發現我不是單純的意志力薄弱，而是那件事不適合我，或是自己還沒有準備好，而我們應該找到原因，再尋求正確的應對方法。

戴上心理學眼鏡有助於我們正確看待被誤解的世界。所以，如果生活好像不太順利、感到鬱悶，在自責和痛苦之前，請先用這本書中的心理學的聰明法則重新檢視你的生活。當你開始用心理學的眼鏡看待世界和人生時，生活就會更順利，未來也會更清晰。

CHAPTER 1

讓思緒和心情輕鬆的方法

CHAPTER 2

在人際關係中自在的方法

CHAPTER 3

了解連我都不知道的自己

CHAPTER 4

尋找隱藏能力的方法

CHAPTER 5

在這世上變聰明的方法

讓思緒和心情輕鬆的方法

揭開心理現象的神祕面紗，
運用實用技巧輕鬆應對生活中的各種挑戰，
讓心理學成為你改善情緒、
提升生活品質的強大後盾！

CHAPTER 1

耳蟲現象

音樂欣賞對睡眠的影響

大家睡前會聽音樂嗎？我曾經有一段時間飽受失眠之苦，每每躺在床上準備睡覺，卻總是過了一個小時還無法入睡。一直翻來覆去，好不容易才勉強入睡，但只要周圍有一點點聲音，就會馬上醒過來；為了再度入睡，只得再一次忍受長時間的等待……如此反反覆覆，讓我厭倦了睡前這種模式，於是不知不覺，戴上耳機聽音樂入睡成了我的習慣。

其實聽音樂入睡的人不在少數，如果要問理由，大概很多會說「因為聽音樂可以緩解一天的疲勞和壓力，感受愉悅和舒適的心情」。晚上關燈後躺在床上，感受深深的孤寂。閉上眼睛，視野就被阻斷，心可以完全集中於音樂的狀態，這種滿足的感覺也對養成睡覺聽音樂的習慣做出了貢獻。

總結下來，音樂給人一種舒服和滿足的感覺，可以帶來愉快的睡眠。心理學研究發現，與不聽音樂睡覺的人相比，邊聽音樂邊睡覺的人對睡眠品質更滿意。

但為了深度入睡，也有很多人覺得身心應該放鬆，保持安靜的狀態，音樂會妨礙睡眠。特別是聽節奏輕快或是有所謂「中毒性」的音樂，旋律會一直縈繞在耳邊，就算不聽了，還是會在腦海中迴盪，很難控制。

這種音樂在耳邊迴盪的現象，被稱為「非自願的音樂意象」（Involuntary Musical Imagery）或「耳蟲現象」（Earworm Syndrome）。這種現象不僅難以抑制，而且持續時間會很長，有研究指出，這種現象可以在腦海中盤旋近八個小時。特別是有人會邊念書邊聽音樂，或邊做家事邊聽音樂，這些時候對音樂的集中度較低，但因為持續一直聽，音樂變得越熟悉，在耳邊迴盪的時間就越長。

主張音樂的「睡眠無用論」的心理學家認為，在縈繞的音樂中，身心持續保持清醒狀態，最終會妨礙睡眠。即使有聽音樂睡得更好的「感覺」，但這只是主觀的想法，客觀上對睡眠品質並沒有什麼幫助。

究竟音樂實際上對睡眠有幫助還是妨礙呢？為了確認音樂在耳邊迴盪對睡眠會產生什麼樣的影響，心理學家邁克爾·斯庫林（Michael Scullin）進行研究，調查實驗參與者主觀的睡眠品質和實際睡眠品質的差異。包括「睡眠多項生理檢查」（Polysomnography）測量，以及在睡眠中大腦額葉部位的振動反應等，結果如下。

第一，平時越常聽音樂的人，越容易在睡覺時有音樂在耳邊迴響的現象，實際上這會讓睡眠品質惡化。第二，比起聽有歌詞的音樂，只有旋律的音樂會讓睡眠品質更差。這一驚人結果是在為了解音樂「性質」對睡眠的影響而追加進行的研究中發現的。在實驗中，受試者被隨機分成兩組，聽的是同一首歌曲，但一組有歌詞，另一組則是只有旋律。受試者聽著音樂睡覺，時間從晚上十點三十分開始到隔天早上七點三十分為止，由研究人員進行睡眠監測。結果顯示，比起聽有歌詞的那組，只聽旋律沒有歌詞的受試者睡眠品質普遍更差。

為什麼會這樣？正如前面所述，一般具有快速、反覆節奏的音樂會在耳邊迴盪的時間更長。研究人員指出，當歌詞被刪除，音樂就變成更為單純、反覆的形態，加深縈繞在耳邊的效果。

綜合來說，在睡眠期間，大腦應該也要中斷訊息處理，需要休息，但是音樂旋律一直縈繞在耳邊，大腦無法休息，一直處理音樂訊息，因此睡眠品質就會下降。

總而言之，晚上習慣聽音樂睡覺，特別是容易在耳邊迴盪的音樂，實際上會妨礙我們的睡眠。還有個有趣的發現，不僅是晚上，白天聽的音樂也會影響睡眠。研究發現，睡眠品質會依照「完全沒有經歷聲音在耳邊迴盪的情況＞白天經歷過＞在睡覺的同時經歷」這樣的順序遞減。

但若直接影響睡眠品質的不是「音樂」本身，而是「縈繞在耳邊的現象」，那麼就必須進一步擴大「警戒對象」，以利入睡。

事實上，當我們躺在床上時，縈繞在耳邊的許多聲音都會妨礙我們的睡眠。白天在公司被主管訓斥的記憶，或是最近反覆苦惱的問題，會一直在腦海中浮現，讓睡眠時間變得混亂。不一定是負面的記憶，在睡前幾個小時、幾分鐘看的搞笑影片或臺詞，也可能在腦海中反覆播放。像我喜歡恐怖故事，特別享受在深夜關燈後的恐怖氛圍。白天看了什麼恐怖電影或聽了可怕的故事，晚上就會一直想起來，讓人無法入睡，或是夢裡出現可怕的東西，讓人不敢入睡。

最近在YouTube等網站上有很多以幫助睡眠為目的的「ＡＳＭＲ」影片，也就是所謂的「白噪音」。代表性的聲音有物體摩擦的沙沙聲、柴火燃燒聲、雨聲等。靜靜地聽著這些聲音，心情會變得平靜，對睡眠也有幫助。但是不能忽略，ＡＳＭＲ影片雖然不具刺激性，卻包含潛在的危險性。因為相當多的ＡＳＭＲ影像具有一定的節奏，以及持續反覆的特性，即使關掉了，也會在不知不覺中誘發縈繞在腦海的感覺。

有人開玩笑說，只要一關燈就能馬上入睡的人是受到祝福的人，這也間接說明了人會因為日常疲勞、刺激的音樂與影像等無法輕易入睡。雖然「直到睡著為止的無聊」很難受，但我們應該轉換一下認知，也許這種無聊，才是所有刺激都消失、只屬於我一個人能安靜休息的寶貴瞬間。

強迫休閒

好像休息得很充分，為什麼還是那麼累？

難得準時下班，興奮的A急忙離開公司，回到家洗漱、吃飯，不知不覺已經是晚上七點半了。這時該做的事都做完了，安心感和一整天工作的疲勞湧上心頭，A拿著手機躺在床上。

他打開YouTube頻道，輕鬆觀看訂閱頻道上傳的影片，突然覺得「很委屈」，這樣看著YouTube跟平常沒兩樣，但今天是好不容易準時下班的日子，他原本想好了要去散步、擬定旅行計畫、找一些家飾品、更新部落格文章、報名上瑜伽課等，但是這麼寶貴的時間，最後卻只是躺在床上滑手機。

他突然急了起來，關掉影片，A開始思考剩下的時間該做什麼，但是下班回來都已經過了這麼久了，好像也不能做什麼。想想可以用手機上網找一找家飾品，但隨便滑了一下，沒看到什麼中意的，很快就放棄了。

「還是等週末再帶著筆電去咖啡店好好查查吧，感覺這需要一點時間來找。」把手機畫面關掉前瞄了一眼，不得了了，不知不覺已經九點半了！一想到再過一會兒就得上床睡覺，他的心裡更焦急了。

A想想不能浪費，應該趁機看一下平常沒有時間看的電影。於是他打開網路串流平臺Netflix，開始瀏覽最近推薦的電影目錄。為了挑一部電影來看，又花了一點時間，但最後他還是沒能決定看哪一部電影。因為他覺得看起來好像很有趣的電影，就會先上網搜尋，看看專家評論、其他人的觀影分享，為了「驗證」又耗掉了時間。

不知不覺十一點了，「難得準時下班，結果下班後什麼都沒做」，A只能帶著遺憾入睡。

很多上班族應該都有像A一樣的經歷，對閒暇時間都有自己的規畫，但因為時間和費用的考量，還有莫名的壓力和疲勞，大多數的人都無法享受夢想中的休閒生活。明明開心地想著要做這個、做那個，但下班後往往躺在床上滑手機，滑著滑著就睡著了，這就是大部分人的日常。

為什麼那麼多人不能好好進行休閒活動？白天努力工作，晚上應該要好好度過，為什麼總是陷入無精打采的狀態呢？

心理學家巴尼特（Barnett）指出，我們對休閒活動與固有觀念有關。提到休閒活動，一般印象就是感覺很有趣，不管什麼時候做都很好，似乎只有讓生活幸福的一面。但事實上並非如此，巴尼特發現，若對於自由時間、休假日沒有具體計畫，那麼就會經歷一種壓力和不安，他稱之為「休閒焦慮」（Leisure Anxiety）。

事實如此，休閒活動也會讓人感到負擔，從最近與休閒相關的國家統計資料發現，許多人對於休閒生活都曾有過負面經驗，「擁有自由時間反而增加心理負擔」、「從事休閒活動卻增加疲勞感」*。

旅遊是很多人喜歡的休閒活動，為了休息、抒解日常生活的無聊、想看看新的風景、認識新朋友、為了盡情享受自由等各種理由，人們常利用特休或連假安排旅行。

說到「旅行」，大家會想到什麼？在機場準備出境的景象、在某風景名勝享受愉快時光、晚上在飯店享用甜點欣賞夜景、和家人或朋友一起開心合照……應該都是些陽光、愉快的畫面吧？但實際上很多人聽到「旅行」，就會開始感到負擔、壓力、不安、退縮。除了休閒活動帶來的額外消費、制定旅行計畫的苦惱之外，甚至會拿別人的旅行計畫和自己的計畫進行比較；真要下定決心旅行，也會產生各種消極的想法。

許多心理學者觀察到人們實際上會因休閒生活而苦惱，因而提出了「強迫休閒」（Leisure Obsession）的概念，其中分為「對休閒的執著」和「對

＊韓國文化觀光研究院（2022）《2022 休閒白皮書》，文化體育觀光部。

休閒的固有觀念」兩種概念。

首先，對休閒的執著，是指過度投入休閒活動的過程中所產生的壓力和負擔感，人們會為了休閒活動投入過多的時間和費用，產生要比別人更好的想法而受折磨、因安排休閒活動而感到壓力，甚至是對沒能更好地度過休閒時間而後悔，都屬於這種情況。

第二，對休閒的固有觀念，是指大多數人認為休閒時間一定要有價值、有意義，安排休閒活動必須符合經濟效益、休閒時間一定要做些什麼活動、休閒活動必須是有趣的這些想法。

心理學家發現，對休閒的固有觀念越強烈的人，會為了「更好的」休閒，蒐集各種訊息、增加休閒時間、增加休閒活動的種類，但結果對休閒活動的滿意度卻更低。也許大家會覺得休閒就是玩得越開心越好，但實際上休閒活動也要適當，過與不及都不好。

另外，在相關研究中發現，「強迫休閒」與工作狂、強迫性思考也有高度相關性，可以說努力工作的人把對休閒的努力，也理解為工作的延續。連休閒也被視為一種必須解決的問題或需要征服的對象，所以分析休閒，努力尋找合理的「方案」。

在此，我想對因休閒活動而倍感壓力的人提出三點建議：

第一，思考休閒的本質。如果在計畫休閒活動的過程中不知不覺感到壓力，就有必要先回想一下自己是不是「為了休閒而休閒」，而不是「為了休息的休閒」。

第二，不要和他人比較。現代人比工作、比薪水、比房子，連休閒活動也成為比較的項目，這樣只會引發心理上的萎縮感與相對剝奪感。也就是說，休閒的目的不該只是為了在社群網站上留下按讚數多的美照。

＊尹智姸，崔勝赫，許泰均（2013），〈強迫休閒準備的開發及可行性研究〉，《韓國心理學會雜誌：文化及社會問題》19(2), 235-257。

第三，創造屬於自己微小卻珍貴的閒暇時間，並養成實踐的習慣。「強迫休閒」來自「好像什麼都沒做」的焦慮和「必須過得有價值」的負擔感，因此必須在這兩個想法中折衷。找個有適度價值、適度容易的休閒方式，毫無負擔地開始；過程中若想投入更多，再逐步增加時間和費用即可。反過來，如果感到壓力越來越大，就逐步減少休閒比重，專注於其他工作，這樣較能取得平衡。

Monday Blues

星期一也能像星期六一樣愉快度過

記得高中時，每週日晚上九點，我們全家人都會聚在一起觀看ＫＢＳ電視臺的綜藝節目《搞笑演唱會》。當時《搞笑演唱會》正處於全盛期，第二天去學校和同學討論的話題必然是前一天的節目內容，彼此模仿節目中的流行語互開玩笑。我每週都很期待，看著節目都不知道時間是怎麼過去的，一直到最後一個單元「鳳仙花學堂」出現，這時就會開始出現徵兆，那是一種對節目即將結束的遺憾，以及對結束後接下來一個禮拜的「憂鬱感」。

「鳳仙花學堂」單元播放完畢，熟悉的節目片尾曲歡快響起，而這時正是「憂鬱」達到頂點的時候，「啊！星期天要結束了」、「明天星期一，又要上學了」。或許是因為遺憾和憂鬱，星期天晚上總是輾轉難眠，想著應該多玩一分鐘才不會委屈。

這就是「週一症候群」，不管是學生或上班族，在學校或職場度過週間重複生活的人們，在週日晚間過渡到週一這段時間所經歷的負面情緒或感受，根據每個人的不同，會出現憂鬱、悲傷、無力、壓力等；神奇的是，離星期一越遠，相關症狀就會越減少。

這種週一症候群其實就是人們說的「Monday Blues」，甚至還有專門的心理學研究，研究結果顯示，與其他工作日相比，人的情緒在週一確實會比較低落。

為什麼會有週一症候群？原因很多，而且因人而異。

首先，根據「預期性焦慮」（Anticipatory Stress），週一症候群的強度有所不同。假設對下週進行的課業或工作感到壓力很大、分量很多，或有不想去學校、職場的想法，週一症候群就會很嚴重。特別是上班族，通常對職場的滿意度和工作的成就感不足，是導致週一症候群嚴重的主要因素。

不僅如此，平日和週末的生活方式差異，也會對週一症候群產生影響。如果平日努力工作，週末也努力做自己的事，這種人較不會因為星期一即將到來而感到憂鬱。有媒體報導，解決週一症候群的方法就是週日上班*，或許就是這個考量吧？

相反地，平日把加班當家常便飯一樣沉迷於工作，一到週末連手機都關機，足不出戶，只是在家躺著的人，很有可能因平日和週末之間的「差距」而患上週一症候群。

因此，如果因嚴重的週一症候群而苦惱，那麼，讓平日和週末生活方式

*韓聯社（2013），《週日下午襲來的「週一症候群」……解決辦法是？》https://www.yna.co.kr/view/MYH20131124007400038，2023.03.08。

有一定程度的重疊可能會有幫助。當然，這並不代表鼓勵週日上班（若真的那樣，就不是週一症候群，而是「週日症候群」了），平日工作之餘也要充分休息和穿插娛樂；週末休息時，也不應只是躺著耍廢，應該撥一點時間散步或看書。

另外，還有個克服週一症候群的方法。大家最近的生活樂趣是什麼？有沒有什麼不須別人指使，也會自動自發去做、屬於自己的興趣愛好？

週一症候群發生的原因，也可以說是因為「平日的快樂和週末的快樂之間的不均衡」。許多有週一症候群的人，會在週末或休假日集中安排所有個人的休閒活動或興趣愛好。因為平日要工作，下班後太累，感覺沒辦法再做其他事，因此連休閒興趣也跳過，平日就這樣成為普通的一天，對週末和休假日就會越期待。

但仔細想想，那些週末的活動平日真的不能做嗎？如果把人生換算成面積，那麼「週一～週五」所占的比例遠遠大於「週六～週日」，那麼長時間的平日，卻只是用工作度過一天，不覺得有些委屈嗎？

因此，我要給為週一症候群苦惱的人提出建議，把原本在週末進行的休閒活動安排在週一、週二。或許你會想哪有那麼多時間？但哪怕只是下班後的幾個小時，也要試著安排一些有趣的活動。

休閒週期改成在「週一~週五」達到高峰、「週六~週日」降低的方式，有助於克服週一症候群。例如，把最有趣的活動安排在週一、週二，接著週三、週四、週五逐漸減少對休閒活動的投入。為什麼要這樣做？這是因為與週一、週二相比，其他工作日離週末較近。減少了休閒活動的投入，那麼對週末的「期待感」可以填補那個空缺。

以上建議是給平日下班後，仍能抽出時間享受休閒活動的人，那麼經常得加班的人可能會喊著：「那我該怎麼辦？平日裡除了工作，真的沒有時間做別的事了！」

為了克服週一症候群，還必須嘗試控制相關的環境狀況。也就是說，無論以多麼積極的心態武裝自己，如果現在的工作環境不適合自己或會帶來巨大壓力，就無法根本解決週一症候群。

關鍵在動機和自律。如果自己無法調整工作內容並做出決定，每天只能往返於工作崗位和家之間，成為「被動的生活」，雖然有聽起來很了不起的職銜，但最終工作被視為是為了未來而必須「勉強」、「忍耐」去做的事，這樣對解決週一症候群問題是有限的。因此，為了克服週一症候群，必須改變工作環境。

主動調整自己應該做的事情和範圍的「工作重塑」（Job Crafting），有助於改善無力感及克服週一症候群。但如果是完全封閉的工作環境，從長遠來看，組織調整、轉換跑道等果斷方法，會是改善週一症候群的根本對策。當然，生活方式的巨大改變往往伴隨著必須努力適應和新的壓力，因此必須有計畫地思考和執行。

刻意遺忘

把消極想法丟進垃圾桶

最近，我終於把大概半年沒清的垃圾桶清空了，但是在決定清空前，我苦惱了很久，擔心那些東西會不會哪一天突然需要用到？那不就白清了嗎？當時還想，就算不馬上清空好像也沒什麼不方便，非要清掉嗎？雖然苦惱了很久，但最後還是覺得清空比較好。要扔掉的東西會再堆積，但心裡的餘裕卻很難再擁有。最重要的是，冷靜判斷之後，發現其實丟進去的東西幾乎不會再拿出來，所以即使再留也沒什麼用。

有人可能會懷疑，到底是什麼垃圾桶，放了半年也不清理？或者有些人會認為我不注意衛生、懶惰。為了避免誤會，以下就進行說明。這裡說的，並不是家庭或辦公室的垃圾桶，而是電腦桌面的「垃圾桶」。

各位的垃圾桶又是如何？是定期清空？還是像我一樣無限期地堆放？清空垃圾桶有什麼意義呢？是的，這次要談論的主題是關於「遺忘」。

大部分人都是以記憶為中心生活，努力記住上課或工作過程中了解到的訊息；閒暇時間就是上網、看影片，將有趣的訊息或內容，不斷裝在腦海中。喜歡社交的人不斷結交新朋友，製造回憶，並把有關他人的訊息記錄在腦海中。隨著時間流逝，過去的記憶成了回憶，化為年輪，有條不紊地裝在我們心中。

像這樣，我們習慣於總是記住一些事情，相對來說，對於把什麼清空、要忘卻什麼這些比較陌生。當然，很多事情會記住，而隨著時間的流逝，也有些事自然而然會忘記——但是很少人會意識到清空思緒的重要性，會實踐的人更少。

但若沒有在適當的時期，適當地忘記某些想法和情感，會對人生產生負面影響。特別是控制悲傷、憂鬱、恐懼等各種負面事件引起的想法和情緒等，「有意識地清空」對精神健康非常重要。

心理學家早就注意到人類會有「反芻」（Rumination）的認知習慣。反芻是指反覆回想起過去或現在發生的負面事件的想法和情感的過程。心理學家發現，反芻的習慣與憂鬱症、焦慮症、創傷後壓力症（PTSD）等各種精神健康問題有關。

當然，反芻過程並非全都是不好的，如果能透過反覆思考，找出自己行為上的問題，避免反覆錯誤的應對方法，並以此結束，那就沒關係了。但問題是，大部分的否定性反芻過程很難有意圖地結束。大部分人在無意識的情況下，無論是在日常生活中還是夜晚睡覺時，不分時間和場所，消極的想法都會侵襲頭腦，造成混亂。

如果消極的想法比預想的更常在腦海中縈繞會怎麼樣呢？念念不忘，最終固著在心裡、內化，心理學家將此稱為「非理性信念」（Irrational Belief）或「無效想法」（Dysfunctional Belief）。非理性信念所存在的大問題就是自動思考，會不斷觸發消極的想法和感情，但當事人只是感到不舒服，並沒有察覺到這些想法和感情從哪裡來、為什麼而來，因此很難排除不合理的信念或進行對抗。固定觀念或偏見等也是內心根深蒂固的想法，因此很難排除，會在我們沒有察覺的情況下，持續產生負面情緒。

如何排除消極的想法？像我之前清空垃圾桶一樣，刻意努力清空想法，這被稱為「意圖遺忘」（Intentional Forgetting）。為此，最基本的應對方法是「內在動機化」，是指個人有意識地忘卻動機，努力抑制想法的一連串過程。

在求職面試中落選而感到鬱悶時，下定決心「都忘掉，今天就安心休息吧」、「不要再想面試內容了」等，這是內在動機化的常見事例。

除此之外，還可以努力想像與負面事件無關的其他事情。如果能成功將注意力轉移到其他事情上，就有助於忘記消極的想法。

然而，抑制想法並不是一件容易的事情。心理學家指出，在努力抑制想法的過程中，可能會出現「反彈效應」（Rebound Effect），最具代表性的事例，就是心理學家丹尼爾・韋格納（Daniel Merton Wegner）的「白熊效應」。實驗的主要內容是要求受試者「不要想白色的熊」，結果反而比平時增加了想白熊的比重。因為要抑制對某個對象的想法，就會繼續意識到那個對象，而陷入矛盾的情況。

然而，關於刻意遺忘的後續研究證明，透過持續訓練，在一定程度上抑制想法是可能的。直接指示實驗參與者不用記住某些內容；反覆訓練實驗參與者在產生否定想法時，立即聯想到肯定性的內容（例如，覺得我像傻瓜的時候，想起家人和周圍的朋友多麼信任我，為我加油）；以及不斷賦予新課題轉移注意等，啟動了各種方法。

然而，在刻意遺忘之前，需要考慮的是，由於對負面事件的反思和不合理的信念是自動發生的，因此我們很難察覺到這一點。如果應該抑制的對象沒有浮現出來，我們甚至無法嘗試抑制。因此，最近像正念（Mindfulness）、接納和承諾療法（Acceptance Commitment Therapy）

等方法倍受矚目。這些方法告訴我們如何「如實地察覺」自己的想法和情感。

這些療法強調對消極的想法或感情不應做出任何判斷，更重要的是，最大限度地感受和察覺到其存在。因為大部分的心理問題或痛苦，往往源於人為的壓抑或努力改變想法時伴隨而來的。因此，必須透過冥想等程序，領悟到流動的想法和感情，並無條件接受這些想法。

為了達到調整心態或接受心理治療的效果，最好尋求諮詢心理專家等專業人員的幫助，但在日常生活中也可以自己練習。閉上眼睛，慢慢關注現在浮現出的想法或感情，然後純粹地觀察和感受手腳的感覺、呼吸的流動等身心靈正在經歷的一切，這樣就可以了。

自我娛樂

一個人也能玩得開心的祕訣

從睡夢中醒來。
①立刻去刷牙洗臉。
②再睡回籠覺。

二〇一五年十一月十六日早上六點，在韓國某網路社群平臺上傳了以上的選擇題。

想再睡一下，卻睡不著。
①去刷牙洗臉。
②繼續躺著直到睡著。

看到這篇貼文後感興趣的網友們開始透過留言回應。

走到車站要花三十五分鐘。
①堅持走過去。
②搭計程車。

貼文者按照網友給予的選項行動，並繼續提出新的選擇題。當越來越多人關注這個奇妙的交流時，某網友上傳了以下留言：

「去務安*一趟，羞愧地喝個務安甜水吧。」

像回應似的，原貼文者又上傳「取得前往務安的機票，需要五個小時。①先吃點東西。②就餓著肚子吧。」問題，與機票照片一同貼出，以此為契機，開始了原貼文者與網友一起享受長達三天的「替身旅行」。

藉由一題又一題二選一的選擇題，許多網友和原貼文者一同進行這趟旅行。網友們表示，雖然自己沒有親自去，但是也充分得到滿足感，好像玩了一場類虛擬實境的遊戲，這樣隨機旅行的方式非常新鮮又有樂趣。

這個「替身旅行」的例子，正呼應了心理學家羅傑．C．曼內爾（Roger C. Mannell）所提出的「自我娛樂能力」（Self-As-Entertainment）。準確地說，自我娛樂能力是指當擁有閒暇時，自己創造或尋出有趣活動並享受的個人能力。在討論人類的本質時，為了強調享受遊戲的特性，經常會提到「遊戲人」（Homo Ludens），也就是追求享受快樂的人類特性。

自我娛樂能力強的人不會只滿足於享受既定的活動，更會自己積極尋找新的活動，或在熟悉的活動中添加或改良新的玩法或規則，創造新的樂趣。更進一步說，他們親自創造屬於自己的新遊戲，並在此過程中體驗成

＊原文為「무안」，有兩種意思，一是位於韓國全羅道的地名「務安」；二是「無顏、羞愧、不好意思、難為情……」等意思。「務安甜水」為著名的邪教牧師李載祿（Netflix 影集《以神之名》就是描述他的故事）生前銷售的「務安甜水」，聲稱有治癒功能，只要喝下或者塗抹在身上會體驗到「奇蹟」。

就感。

開發自我娛樂能力對人有什麼好處？心理學家發現，熱衷自我娛樂的人在日常生活中可以更頻繁、更深刻地體驗「心流」（Flow，相關內容在第四章有更詳細的說明）。各種研究結果顯示，時空概念消失，只專注於投入特定任務中會立即帶來滿足和愉快的感覺；從長遠來看，任務的成就和生活的整體幸福感相聯繫。因此，提高自我娛樂能力，有助於讓人生更幸福。心理學家發現，自我娛樂能力高的人，在學校生活、職場生活、休閒生活等各個方面都有很高的滿足感。

另外，具有自我娛樂能力的人，不會被活動的結果或報酬所左右。因為喜歡自己創造遊戲的過程，在過程中就能發現樂趣，所以即使活動結果不給予任何評價、獎項、獎金等明確的報酬，基本上他們也不會太在意。

自我娛樂能力並不侷限於在現實中實際可以玩的遊戲。根據心理學家分析，自我娛樂能力細分為三個要素，就是「自我模式」（Self Mode）、

「環境模式」（Environment Mode）以及「遊戲化模式」（Mind-Play Mode），其中「遊戲化模式」與超越現實世界的自我娛樂能力最有關。

遊戲化模式是指運用幻想或想像力體驗快樂的方式，例如購買樂透彩券時，就是遊戲化模式。實際上，購買彩券的效用並非中獎的可能性或由此帶來的金錢利益，因為我們都知道中獎機率很低，取得利益的可能性很小。心理學家解釋，人們購買彩券的真正效用在遊戲化模式，也就是可以愉快地想像彩券中獎時的滿足感。從這個角度來看，購買彩券的行為，就像支付自我娛樂能力、特別是遊戲化模式的費用一樣。

一般來說，創作小說或漫畫的作家屬於自我娛樂能力很高的人，因為在創造故事的過程中要發揮想像力。我上初中時，曾參加某文學網站主辦的小說創作比賽並獲獎。拿到獎金和獎品MP3播放器時心情很好，但實際上對我來說，比賽只是一個契機。我為了參加比賽，第一次嘗試自己想像編故事，過程中的遊戲化模式，也就是自由想像自己創造世界，以故事主角為替身體驗的一系列過程，我充分感受到愉快。雖然現實中不存在，但整個過程包括主題概念的設定、創造人物、想像人物的性格和背景、想像人物之間發生的事，這些都是很特別的樂趣。

在Netflix上播出的《怪奇物語》（*Stranger Things*）中，出現了主角和朋友們享受《龍與地下城》（*Dungeons & Dragons*）遊戲的內容。他們親自演繹遊戲中的角色，創造故事，十分投入。這也可以說是自我娛樂能力的代表例子。我們以現實中已經存在的素材為基礎，就像擴增實境（AR）一樣，可以創造另一個新世界。

若想開發自我娛樂能力，應該怎麼做呢？最重要的是擺脫現實中的經濟邏輯，這是發揮自我娛樂力量的先決條件。「這個活動合理嗎？」、「這個活動合乎成本效益嗎？」、「這種玩法有人會認同嗎？」、「有沒有效率更高、更快享受的方法？」……這些疑問都要先放下，只按照自己的心意做就好。如前所述，自我娛樂能力的發揮並非源自於結果或報酬，相較之下，更需要相信親自製作及想像的過程，本身就會帶來無比的滿足和成就感。

在這世界上存在各式各樣的休閒活動，有不用花錢的像散步，或是車、音響、購物、旅行等根據個人決定花費的活動。但如果選擇需要花很多錢的活動，就會不知不覺地意識到錢的價值，在一開始就會去想是否值得投資、是否符合效益、是否有效率等問題，那麼原本從事這個活動本身的價值和樂趣，就會受到價格的制約。

既然如此，培養一個「廉價」的興趣愛好如何？要花錢的興趣沒有太多的「留白」，也就是彈性，但是「廉價」的興趣卻充滿留白。無論你想賦予什麼意義、經歷什麼價值，都是自由的，就盡情感受一下填補留白的樂趣吧！

完美主義

稱讚帶來壓力的理由

「不管交代你做什麼都能做得很好，一點都不需要擔心」、「你的企畫案寫得真好」、「分析報告非常棒」，這些都是我之前在研究所、職場聽到的稱讚，不過請大家不要誤會，我不是在炫耀。

當時聽到稱讚心情非常好，能夠得到其他人的認可和稱讚，這不正是身為社會動物的人類所能享受的最大意義和成就嗎？但遺憾的是，後來我才理解到，稱讚其實是一把雙面刃。給予稱讚的人分明是出於好意說的（所以我一直對他們懷有感激之心），但對於有完美主義傾向的我來說，那些稱讚既是成就和滿足感，也是壓力。

完美主義在心理學中是指過度追求快、好、準確的性格或主張，也有人追求的是工作進行「過程」中沒有差池（事實上，這種情況可能更接近於強迫性思考），但大部分具有完美主義傾向的人，都把焦點放在完美的「結果」上。

也就是說，無論過程如何，產出最優秀的結果才是完美主義者的基本目標。而完美主義者為了這個唯一的目標——追求最佳成果，往往甘願承受各種壓力、焦慮、無止境的加班與慢性疲勞，並認為這些都是「不得不」接受的代價。

完美主義者通常可以取得更好的成就。在學校，很可能成為成績好、品行端正的模範生；在職場，就是工作任勞任怨、考績優異、晉升快、年薪高的人。

總而言之，完美主義傾向並不一定是壞事，投入時間、努力和忍受心理負擔的結果，是取得更好的成就，更容易得到周圍人的認可，並且個人在取得成就的過程中也會經歷成長。

心理學家觀察和研究完美主義的人，發現完美主義傾向也分很多種，其中可以區分為「自我導向型」（Self-Oriented）、「他人導向型」（Other-Oriented）、「社會期許型」（Socially Prescribed）、「評價憂慮型」（Evaluation Apprehensive）等四種類型。

自我導向型的完美主義者會為自己設定高標準，不斷追求自我行為和成就的完美。換句話說，自我導向型的完美主義者是那些為了完美而不斷與自己戰鬥的人。無論周圍的人如何稱讚，如果本人不認同，就不會放過自己。當然，也可能出現相反的情況，即使別人不斷批評，但如果自己覺得已經取得滿意的成果了，就會得到充分的滿足感。

他人導向型的完美主義者並非對自己，而是對周圍他人的要求很高，期待他人的行為和成果達到完美。這些人常常批評別人，別人只要一犯錯就緊咬著不放，對自己的不足卻死不承認。

第三個是社會期許型的完美主義者，這種人是為了得到社會的認可而不斷努力，覺得自己受到社會或周圍他人的高度期待，為了滿足這種期待而追求完美，通常會因為擔心暴露自己能力不足而戰戰兢兢。

最後一個是評價憂慮型的完美主義者，是指擔心他人對自己提出的意見或能力所持的看法，那個看法其實不一定不好，但評價憂慮型的完美主義者會自己先感到不安，是因為恐懼而追求完美的人。

社會期許型的完美主義和評價憂慮型的完美主義，在很多方面都有共同點，完美的標準都來自於外部，對他人的視線、認可、評價很敏感。這兩種完美主義者在具體原因和主要關注的部分存在差異。社會期許型把焦點放在周圍環境賦予的期待和壓迫上，評價憂慮型的完美主義者則是針對評價狀況感到不安和恐懼，而那些是來自於自己。因此，評價憂慮型的人更容易感到壓力。

大家身邊一定也有平時都還好，唯獨在大考、面試時會過度緊張和擔心的人。他們就是屬於評價憂慮型的完美主義者，和其他類型的完美主義者一樣，為了得到好評而比平時更加努力，但是因為對評價的負重感很大，反而會帶來負面結果。

心理學家提醒，要特別注意社會期許型和評價憂慮型的完美主義者。正如前面所述，完美主義者的標準源自於外部，當事人會感到過度期待和壓力，這助長了完美主義。在這樣追求完美的過程中，當事人會經歷很大的壓力和負擔。

雖然在走向完美的過程中會經歷一些成就，但是為了滿足那些難以承受的期待，要戰戰兢兢到什麼時候呢？完美主義對心理健康有非常大的威脅，相關研究證明，飽受完美主義壓力的人們會經歷不安、憂鬱、自尊感低下、慢性疲勞、職業倦怠等多種負面症狀。

是因為求好心切而感到負擔嗎？那麼，將主導權掌握在自己手中比什麼都重要。不該把完美的標準交給社會，交給別人，重點是自己制定自我合理的標準。

當然，這並不是一件容易的事情。一直以來，我們的學校、社會都不斷傳達「要念好大學」、「要進入大企業」、「薪水至少要達到這個程度」、「要買車就要買進口車」這類他人的標準，但這些標準在我們心裡內化了。因此，應該自己決定的學業目標、職業目標、人生目標全都混淆了，不確定自己想的對不對，不斷懷疑自己，過度在意周圍的視線或氛圍。

雖然是老話重談，但比起工作結果，集中於過程的努力才是減輕完美主義負擔的正確心態。無論結果如何，衡量在過程中得到了什麼、學到了什麼、是否快樂，才是對工作有幫助的事。

有些人會害怕專注在過程中，最後結果不好怎麼辦？但是，我們在日常生活中其實很少遇到「一生中只有一次機會」的經驗。即使失敗了、受挫了，但其他機會一定會再出現。懂得享受過程的人不會在意結果，即使失敗也會馬上站起來，並告訴自己下次還有機會。在多次嘗試的過程中成長和學習，自然能提高成功的可能性。

非理性信念

打擊不幸氣焰的方法

「光想到就頭痛」、「不知道為什麼，一想到那個時候的行為就很鬱悶」、「這次也失敗了，我可能永遠都做不好，很難過」……人生在世，不管是誰都會經歷大大小小的不幸，這點應該大家都同意吧？就像眾所皆知的人生道理一樣。

「別人好像都過得很幸福，為什麼只有我那麼不幸？真委屈」、「感覺會一直發生不幸的事」、「這次不應該失敗，為什麼會變成這樣呢？」……但是，如果將不幸與他人進行比較，或者賦予不幸無謂的意義，那麼擺脫不幸的道路就會越來越遠。問題不是自己目前所處的客觀現實，相比之下，我們應該警惕自己被困在消極的想法和感情中，是自己去尋找不幸的結果。

「就算再悲傷也要打起精神來」、「必須正面思考」、「為什麼要先擔心會失敗呢」，這是我們經常對經歷心理痛苦的人說的話。大家有給某人建議的經歷吧？那些建議有多少效果呢？或許只要給予安慰就可以了，因為實際上，要消除當事人經歷的心理痛苦、引導他朝向生活的正向變化，並不容易。

為什麼我們的建議沒什麼效果？是因為建議內容不妥嗎？心理學家表示，如果建議無效，很有可能是因為當事人也不清楚自己為什麼會那麼痛苦。因為不知道為什麼痛苦，所以不知道需要什麼樣的幫助，當然也就很難尋求適當的建議和幫助。

其實大部分問題的原因都來自於我們心中。當然，貧窮的環境、考試失利、跟朋友爭吵、求職不順、與情人分手、交通事故等很多情況會造成不幸，但並不是每個人經歷過同樣的事件都會持續不幸。有些人很快就拋開一切，重新找回幸福生活，其他人則被困在因不幸事件造成的負面想法和情緒中，無法自拔。為什麼會有這種差異？用心理學的認知治療（Cognitive Therapy）來解釋，根本原因就在於我們的「非理性信念」*。

非理性信念是指未經客觀依據或邏輯性歸因的各種負面思維「習慣」，例如想像最壞狀況的「災難反應」（Catastrophic Reaction）——「如果這次考試沒過，那我的人生就完蛋了」；過度普遍化——「看我現在這個樣子，可以想像以後做什麼都不行」；將無法控制的事件責任加諸在自己身上——「朋友會那麼難過都是我的錯」；還有像「我必須時時刻刻保持最佳狀態」、「絕對不能讓人失望」等想法，這些對自己應該如何行動的嚴格而死板的信念，屬於不理性的思考。

問題是我們對自己的非理性信念沒有意識。非理性信念不會明確地體現出來，而是在不知不覺中一直縈繞在腦海裡，只要發生類似狀況就會自動浮現折磨我們，這就是非理性信念（因此非理性信念是一種自動化思考）。雖然不像弗洛伊德提出的無意識（Unconsciousness）那樣「深奧」，但在難以察覺、會自動浮現這方面有相似之處。另外，非理性信念如果放任不管，還會不斷強化。各種負面想法越是持續，「回饋—強化信念」的惡性循環就會反覆出現，人會選擇性接受符合自己信念的結果〔確證偏誤（Confirmation Bias）〕，以此不斷讓自己相信「我的信念是正確的」。

因此，在認知治療領域，重點是讓經歷心理痛苦的當事人有意識地察覺到自己的非理性信念，去正視腦子裡的想法。因為只有先把隱藏的非理性信念暴露出來，才能採取具體的應對措施。明確認知和察覺非理性信念的過程，在心理學諮商中稱為「澄清」（Clarification），如果成功確認了哪些負面想法反覆出現，那麼就該進入「駁斥」階段了。

「有證據支持這個信念嗎？」、「還有其他解釋可以代替我的想法嗎？」、「這個信念真的對我有幫助嗎？還是反而對我不利？」、「與

＊也叫「認知基模功能不全」（Dysfunctional Cognitive Schema）。

客觀現實相比，我是不是過於誇大或低估了？」、「如果別人和我處於相同狀況，也會和我一樣嗎？」，我們必須向自己提出這些問題，挑戰非理性信念，摒除以往那些不合理的信念，替換、發展成更合理的信念。例如，與其想「我連這都解決不了，我是失敗者」，不如想「誰都會犯錯，這次雖然沒能解決問題，但可以吸取經驗，下次就知道該怎麼做了」，不斷地鍛鍊自己。

非理性信念是經由持續的「回饋─強化信念」的過程而固定下來，因此想以合理的信念取代，一開始可能會感到生疏和困難。儘管如此，制定合理信念仍非常重要，如此，未來再發生類似情況時，才能依據新的信念思考和應對。也就是說，非理性信念的形成是長期累積的結果，因此同樣地，為了落實合理的信念，也必須付出相應的時間和努力。

除了想法的改變，制定行動計畫並實踐也有幫助。可以透過深呼吸、伸展、按摩等放鬆身心，抑制非理性信念的產生。另外，透過「暴露療法」（Exposure Therapy）可能也會有效果。例如有「我在大家面前報告一定會被笑」這種非理性信念，那就實際在別人面前發表報告，體驗一下「到底會發生什麼事」。因為可能「真正做了之後才發現沒什麼大不了」，那麼就可以打破非理性信念，被合理的信念取代。

不過，要排除非理性信念、取得更好的改善效果，與其孤軍奮戰，不如尋求專家的幫助。如果你發現自己很難邁出腳步嘗試，或者因為不斷出現的負面想法、情緒而感到痛苦，為什麼不在專家的幫助下好好確認自己的思考習慣呢？

拒絕敏感

害怕被拒絕的心理

「對不起，我不能答應你的請求」、「我不同意你的想法」、「不行，那個好像有點難」，誰都有過被拒絕的經驗，現在腦海中最先浮現的被拒絕經驗是什麼呢？當時向誰提出了什麼樣的要求？對方如何反應？遭到拒絕後，你有什麼感覺？

如果向人詢問被拒絕的經驗，可以觀察到很多不同的反應。有些人好像不太記得，覺得不以為然，自然地說出自己的經歷；也有人即使是很久以前的事，仍像昨天經歷過的一樣生動地描述；還有人會覺得難以啟齒，一想起被拒絕的記憶，就冒冷汗、口乾舌燥，雖然已經是過去的事，卻依然鮮明如昨，陷入憂鬱的情緒中。

心理學家發現，有些人對被拒絕特別敏感，因此提出「拒絕敏感」（Rejection Sensitivity）。如果你對於被拒絕有很大的恐懼，那麼就應該來看看心理學家對拒絕敏感的研究結果和建議。

首先，拒絕敏感性高的人有什麼特徵呢？第一，會有預期不安的症狀。拒絕敏感性高的人會不由自主地高估自己被他人拒絕的可能性。因為「確認偏誤」的作用，他會忽略「請求可能會得到應允」的正面信號，選擇性只接受可能被拒絕的結果。面對既未肯定、也未否定的模糊信號，他們會偏向否定的方向解釋，甚至對方只是意圖不明的搖搖頭（可能只是伸展、或因為其他原因，有很多可能性），拒絕敏感性高的人也會當作那動作是對自己的拒絕。

甚至，如果沒有合適的線索來判斷遭拒絕的可能性，拒絕敏感性高的人就會自己製造理由。換句話說，是在不知不覺中製造對方可以使用的藉口和理由，以掩飾自己不想承擔被拒絕帶來的壓力。

例如急需十萬元，在開口向對方借錢之前，會自己先幫對方想好拒絕的「藉口」，像是「他最近好像也沒什麼錢」、「如果借給我，他會不會就沒錢用了？」、「他從沒借錢給我過，會相信我嗎？」……這些想法。

第二，拒絕敏感性高的人在經歷拒絕時，也會表現出過度的負面反應。被拒絕的場面會一直縈繞在腦海中、心理痛苦持續、感覺信心萎縮和壓力，很難擺脫悲傷和憂鬱的心情，嚴重時還會把原因歸咎於自己而自我指責。對於害怕拒絕的人來說，拒絕是一次可怕的災難，不會想再經歷第二次。因此，拒絕敏感性高的人被拒絕之後，會努力減少再被拒絕的可能。他們會做出怎樣的努力呢？大致可以分為兩種類型。第一是過度迎合他人，第二是獨立。

為了不被拒絕而決心配合對方的人，首先會抑制自己不能吐露真實想法或情緒。即使受到對方的無禮對待，也只能忍氣吞聲。由於重視與對方的關係，甚至會表現出寧可犧牲的態度。問題是，如果用這種方式「努力減少被拒絕的可能性」，會演變成過度依賴，繼而為對方的語言和行動賦予特別的意義，甚至產生「沒有他，我可能會活不下去」的想法，呈現類似「依賴性人格障礙」的特徵。

另一種是選擇讓自己獨立。既然不想被拒絕，那一開始就不要拜託別人。他們連一點點請求都不會提出，相信任何事自己一個人努力就好，對他人會有防禦的態度。但人類是社會性動物，有些事還是需要別人幫助。因此，如果這種獨立戰略持續，不僅自己很快就會疲憊不堪，還會陷入被孤立的惡性循環。

那麼如果對方欣然答應請求，一切就沒問題了嗎？弔詭的是，拒絕敏感性高的人，並不會輕易相信對方的承諾是「欣然同意」，因為他們心裡已經先認定會被拒絕，所以反而很難接受被應允的事實。因此，拒絕敏感性高的人會表現出不斷想確認的樣子，不斷懷疑對方是開玩笑還是真心接受請求。

什麼樣的人是屬於拒絕敏感性高的人呢？心理學家表示，像神經質

（Neuroticism）、不安全依附（Insecure Attachment）等都可能與拒絕敏感有關。

高度神經質的人會有更頻繁且強烈地經歷不安、憤怒、憂鬱等負面情緒的傾向，這種情緒脆弱性會將對方的信號解釋為威脅或拒絕偏誤。依附是指在幼兒時期透過養育者學習的人性信賴與紐帶感，如果養育者在孩子童年時表現疏離、拒絕、強壓、迴避的態度，那麼孩子將失去學習除了「我」以外信任他人的能力和機會。若成年後也無法信任別人，就無法期待對方會滿足自己的需求，因此會對拒絕表現出敏感反應。

「這個拒絕是什麼意思？」害怕被拒絕的人認為，對方的拒絕就等於否定自己的人格。但是越有這種感覺，就越有必要好好想想「對方為什麼拒絕」。

拒絕其實是很一般的行為，別人可以拒絕你，當然你也可以拒絕別人。

記住，人本來就會拒絕和被拒絕，但這並不會動搖一直以來構築的緣分。反過來說，能夠相互拒絕的關係才是健康的關係，人際關係並非一方從屬於另一方。因此，把拒絕視為加深與對方緣分的過程，就不會那麼敏感了。

幸福的後設認知

所有幸福都是主觀的

一九九〇年代後期，正向心理學誕生，「幸福」成為心理學家的正式研究對象至今不過二十多年。隨著幸福相關研究的進行，「收入和幸福之間的關係是什麼」、「世界上最幸福與最不幸福的國家」、「身體健康與幸福之間有什麼關聯」、「幸福是天生的嗎」……等有趣的主題在大眾社會引起關注，越來越多人開始好奇「幸福」。

透過正向心理學家的努力，我們了解許多關於幸福的有趣事實。例如，當收入上升，幸福感也會上升，但超過特定收入後，收入對幸福的影響會極速減少；非競爭性、尊重多樣性和自由的社會氛圍、工作和生活均衡、社會信任、平等，這些都是構成幸福社會基礎的重要條件；幸福感不僅有助於心理適應和個人成長，還累積了對增進身體健康產生積極影響的綜合分析研究等有關幸福意義的研究成果。

「幸福是什麼？」經過一番努力，心理學家發現理解幸福的一些重要線索。首先，許多心理學家都同意，幸福可以從「享樂主義」（Hedonism）和「完善主義」（Eudaimonism）兩大觀點來理解。

根據享樂主義觀點，幸福與嚮往最大快樂和最小痛苦的生活態度有關。吃到美食時的滿足感、躲過惡運時的安心和平靜感，即時的滿足、心情的高揚，都是享樂主義幸福的特徵。

另一方面，根據完善主義觀點，學習、成長、自我實現、追求意義、成熟、發揮潛力等關鍵詞與幸福密切相關。完善主義的幸福是持續努力和反省的幸福。只有培養智慧、勇氣、寬容等所謂的「美德」，具備反省生活目標的態度，才能接近用一時的快樂經驗無法觸及的終極幸福。

但是正向心理學家一致認為，幸福本質並沒有明確的答案——幸福本來就是主觀的。對某些人來說的幸福經歷，對另外一些人可能只是普通經歷；對我來說微不足道的東西，對別人來說卻是可以成為幸福的理由。

因此，心理學家主要以「主觀幸福感」（Subjective Well-Being）的概念研究幸福。也就是說，比起家庭環境、工作、收入等客觀條件，對自己的人生是否滿意的主觀評價，才是實現幸福的重要基礎。當然，對提高主觀幸福感做出貢獻的要素也得到了驗證。例如，健康、給予或收入等生活的穩定性、家人或朋友等可以敞開心扉的親密人際關係、能發揮能力的環境等，對主觀幸福感都有積極的影響。

這些研究結果只是根據統計驗證來證明「傾向性」，並非絕對條件。就像大多數心理學研究一樣，總會存在與傾向性相反的案例，也就是「個體差異」。

「金錢可以買到幸福」、「幸福也需要努力和練習」、「幸福是虛幻的」、「幸福是透過自我修養和反省所創造的」、「日常的快樂就是幸福」、「幸福的人是天生的」等，有很多與幸福相關的表達方式。大家對上述內容認同嗎？有沒有哪個不同意的？理由又是什麼？

研究「幸福的後設認知」（Happiness Meta-Cognition）的心理學家，將焦點放在人們對幸福的思考方式上。後設認知本來是指對「想法」的想法，即自己感知、監控、調節自己想法的能力，而將此應用於幸福研究的就是幸福後設認知的概念。

那麼具體來說，幸福的後設認知意味著什麼呢？意指在掌握幸福的條件時，不會把焦點放在現在的心情、狀態、滿足感等之上。相比之下，觀察是否理解「幸福」的概念，是否熟知實現幸福的具體方法，是否能自行設計和追求實現幸福的目標和方法——這裡包含了能理解並實踐的人，就等於「幸福的人」的假設。

歸根究底，幸福不是別的，而是取決於我們自己的內心。強調幸福主觀性的心理學家解釋，了解個人對幸福的認識是有必要的。例如「幸福的定義」，與學術定義不同，每個人都可以對自己固有的幸福進行定義。心理學家透過實證研究發現，根據如何定義幸福，心理適應也會出現差異。例如，把物質的擁有、獲得等視為幸福重要條件的人，主觀上的幸福感會比較低。相反地，重視與親密的人持續交流、展現個人優勢、自我探索的人，主觀幸福感就比較高。

另一方面，前面提過定義幸福的兩大觀點是享樂主義和完善主義，研究結果顯示，比起在享樂主義和完善主義當中擇一，同時採用兩種觀點的「均衡的幸福」，可以擁有更高的主觀幸福感。

幸福後設認知高的人是勤奮的探索者，既然幸福是主觀的，他們深知他人不能替自己定義幸福。他們為了創造屬於自己的幸福路徑不斷反省，「我什麼時候感到幸福」、「我什麼時候最幸福」、「想幸福應該怎麼行動」，把自己放在世界的中心去探索幸福。

在我記憶中，有一個極其主觀幸福的瞬間。我記得上小學時，在比平日早放學的星期六，中午回家吃了媽媽做的蛋包飯後，倒一杯加了冰塊的可樂，邊看漫畫邊喝，那種感覺非常幸福。於是「星期六」、「午餐」、「蛋包飯」、「冰可樂」、「漫畫書」，就這樣成為我定義幸福的重要關鍵詞。

對你來說，哪些具體的時刻是幸福的記憶呢？不妨思考一下別人沒有、只屬於自己的特別幸福是什麼吧！

情緒調節障礙

為什麼有人會抑制不住怒火？

A是個三十五歲的白領上班族，在職場中待人親切和善，是個開朗的人，同事們都稱讚他在受到壓力時也能保持積極態度。但其實A有鮮為人知、一旦目擊就很難忘記的另一面。

某個平凡的一天，A下班回家，一邊哼著歌一邊開車。突然有一輛汽車靠近並超越了他的車。在那一瞬間，A心裡好像有什麼爆發了。他的臉漲紅，握緊方向盤，嘴裡不停飆罵，怒火中燒。他猛力踩油門追趕那輛車，甚至狂按喇叭。這樣過了幾分鐘後，A突然恢復鎮定，一時搞不清楚自己為什麼會做出這種行為，感到很混亂。

上述的故事就是所謂的「情緒調節障礙」，準確來說叫「間歇性暴怒症」

（Intermittent Explosive Disorder）。只要稍微搜索一下，就可以在網路新聞中看到「四十多歲男子因一時氣憤竟放火燒房」、「因無法控制怒氣，憤而殺友」、「因無意間的一句話憤而傷人」、「單純口角竟演變成流血傷害」等案例，由此可知因情緒調節障礙的問題經常發生悲劇，而且都是意外發生的事件。看著情緒調節失敗引發的悲劇，不禁有人會問，「為什麼控制不住情緒」、「即使有點生氣，也不至於做出那麼激烈的行為，真是愚蠢」，無法理解情緒調節失敗的原因。

情緒調節不好的人有什麼特點？為了理解情緒調節問題，首先要澄清幾個誤會。

第一，情緒調節障礙的人並非總是處於情緒激動的情況，而是經常在受到刺激的瞬間，伴隨著無法控制的憤怒而做出極端行為，但過一段時間之後就會恢復平靜。

第二，一般認為難以控制情緒的人都很強勢、不負責任、不會替他人著想（認為那種人身邊的人都很辛苦），但實際上他們多半比一般人更容易擔心、更畏縮。因為被憤怒包圍的瞬間只是暫時，但回到「現實」後必須承擔自己所作所為的代價。有研究結果顯示，情緒調節障礙不僅會造成身體上的傷害以及憂鬱、不安、自尊低下等精神上的損傷，還會破壞人際關係，造成孤立、社會評價低下、生計威脅等許多負面影響，失去心靈的餘裕。情緒調節障礙與其帶來的代價會越來越大，不斷重複惡性循環。

第三，許多人認為，所謂「選擇性情緒調節障礙」——即無法調節憤怒的人，對好欺負的人會毫無顧忌地表達憤怒，但遇到看起來比自己更強的人，卻又表現出畏縮的樣子。不過，這是計畫犯罪者為了減刑而惡意利用情緒調節障礙這一病名而產生的誤會。實際上，對於患有情緒調節障礙的人來說，憤怒的情緒並不是根據個人的意圖或「意志力」就能輕易調節的。間歇性暴怒不會區分對象，當無法控制的憤怒和衝動朝向平時絕對不會發洩的對象的瞬間，憤怒之後付出的代價會加倍放大。換言之，情緒調節障礙不僅造成受害者的損傷，也會讓「加害者」變得不幸。因此，心理學家在研究情緒調節障礙帶來的嚴重性之餘，也持續開發各種治療方法，幫助人們調節情緒。

「情緒調節」代表什麼？通常第一個想到的應該是指抑制憤怒的努力。但是，試圖抑制心中產生的憤怒並非一件值得提倡的事。大家應該聽過「憋出病」這樣的說法。在韓國會說把怒氣憋在心裡會得「火病」*，指的就是無法好好表達和解決壓力或憤怒而引發的一種綜合症，通常會有胸悶、上火、身體發熱、不安、焦慮、憂鬱、後悔、無力等特徵。

在《精神疾病診斷與統計手冊》◇中登錄為文化相關病症的先例，因此受到眾多心理學家的關注。總之，試圖抑制憤怒可能會帶來意想不到的

*韓文的「火」和「憤怒」都是用「화」這個字。

◇*The Diagnostic and Statistical Manual of Mental Disorders*，簡稱DSM，由美國精神醫學學會出版，是一本在美國與其他國家中最常使用來診斷精神疾病的指導手冊。

副作用。因此，情緒調節心理研究的目標，是將憤怒的能量縮小到可承受的範圍，同時幫助人們轉向以幽默或昇華（藝術活動、撰寫隨筆散文、觀看電影或讀書等利用媒體來消除的方法）等社會容忍，以有助於自我成長的方向表達、消除。

如果你會因不知所措而感到憤怒時，可試著參考以下方法。

首先，要努力放鬆身心。平時最好養成冥想、做運動、深呼吸的習慣。就像放鬆身體，與自己對話一樣，集中思考和感受情感流動的訓練會有所幫助。如果發生讓人生氣的事，建議你可以先仔細思考為什麼生氣、生氣時的樣子等。有意識地察覺自己的憤怒經驗並找出原因，這個過程有助於將憤怒的情緒調整到自己可以承受和控制的範圍。

另外，為了減少憤怒，必須穩定地重新組織日常生活的事務。第一，在計畫工作或休閒時要留有餘裕：整體日程可以計畫得長一點，安排足夠的時間或資源，以便每個細節都能充分實行，有助於減少意外的變數和困惑。第二，創造規律的生活模式：起床與就寢的時間、吃飯時間、工作時間、休息時間等維持規律，營造有穩定安全感的環境。

在人際關係中自在的方法

是否曾覺得自己像個盲人摸象，
在生活中不斷犯錯、重複不合理的選擇？
現在就戴上你的「心理學眼鏡」，
清晰看見問題癥結！

CHAPTER 2

口頭禪

無法不說「不是」、「可是」、「真是」這些話的理由

「嗯、喔，那……」、「所以說，我的意思是……」在對話過程中，有的人乾淨俐落，講話不拖泥帶水；但有些人會不知不覺地習慣性以「嗯」、「喔」、「那……」開場，這些「口頭禪」根據狀況，使用頻率會有所不同。例如在與上司、長輩對話時，會感到緊張、無法放鬆，就會不自覺濫發口頭禪。此外，像在就學、就業面試等接受評價的情況下，因為緊張和壓力，也會比平時更頻繁使用口頭禪。

口頭禪在心理學上有什麼意義呢？據心理學家的研究結果顯示，像「嗯」、「喔」、「那……」、「所以說」這類口頭禪反映出說話者模

棱兩可、沒有自信的態度。聽在別人耳中，很容易因此而留下負面印象。

心理學家尼古拉斯．克里斯汀菲爾德（Nicholas Christenfeld）的研究顯示，頻繁使用毫無意義的口頭禪，會塑造比我們預想的更廣泛的負面印象。他做了個問卷調查，詢問受訪者對習慣使用「嗯」、「喔」、「欸」等口頭禪的人印象如何，結果顯示，受訪者認為經常使用口頭禪的人感覺不自在、模糊不明、似乎準備不足、看起來不安、講話不流利、沒什麼魅力、單調、不夠仔細、自信心低落。

不過有趣的是，如果想不起來該說什麼時，與其沉默，不如利用口頭禪比較好。心理學家在實驗中細分了說話的條件，一是在對話出現空白時用習慣語填滿空白；二是什麼話都不說，以沉默度過；三是另啟一個新主題繼續對話，由聽者評價印象。調查結果分析顯示，沒有口頭禪、也不沉默而繼續說話時，聽眾的印象最好；最差的則是以沉默度過空白；而習慣性的口頭禪給人的印象雖不如繼續說話好，但至少比什麼都不說強。因此當我們無話可說時、因過度緊張說話不順時，就算是用口頭禪進行對話，也比選擇沉默好。

不過，口頭禪有多少種類呢？除了前面提到「嗯」、「喔」、「欸」，還有像「就是」、「還有」、「再說一遍」、「那個」、「這個」、「但是」、「我跟你說」、「你知道嗎」、「不是」、「等著」、「我的意思是⋯⋯」、「你懂嗎」都是，多到無法羅列的地步。心理學家在調查這些口頭禪時，也懷疑這些口頭禪是否具有同樣的功能。因為如果所有口頭禪的作用和功能都相同，那麼就很難說明結構如此複雜的口頭禪，是如何生存下來的。

以這些問題意識為基礎，著名語言心理學家詹姆斯・W・潘尼貝克（James W. Pennebaker）蒐集了書籍、報紙、社群網站貼文、部落格等龐大的語言資料後，以專業的統計分析方法為基礎，成功將口頭禪分為兩大類，包括「填補停頓」（Filled Pause）和「話語標記」（Discourse Marker）。填補停頓在這裡並沒有特別意義，只是用「嗯」、「呃」補足空白。話語標記則是指能幫助文句和文句之間延續流暢的「所以」、「我的意思是……」、「你知道……」、「總結來說」等詞語。

這些口頭禪在使用者方面出現有意義的差異。以話語標記來說，女性比男性更經常使用；隨著年齡的增長，話語標記使用頻率有減少的現象。令人驚訝的是，話語標記的使用與說話者的部分性格也有關聯。分析結果顯示，盡責性（Conscientionsness）分數較高的人，會更頻繁地使用話語標記。

在其他研究中，根據「繼續說話狀況」觀察口頭禪的使用對印象評價的影響。分為以業務為目的對話的「業務脈絡」和以單純交友為目的對話的「社交脈絡」，研究人員發現，在業務脈絡中，使用口頭禪的人給人印象比較不聰明，好感度較低；但在社交脈絡中，是否使用口頭禪對知性和好感評價沒有太大影響。這些研究結果顯示，口頭禪的使用可能會根據情況被視為代表中立或積極的信號。

想想看，人們為什麼使用口頭禪呢？很多語言學家、心理學家指出，原因之一就是利用口頭禪「爭取時間」。從經驗中推測得知，口頭禪常用於我們暫時想不出適當表達時，幫助我們快速組織語句的過程中。

如果面試時主考官提出「我們公司要求的工作內容和你的經歷好像不太符合，你怎麼想？」這樣意想不到的問題時，人們通常都會不知所措。除了扭轉主考官的話，同時也要進一步宣揚自己的長處，必須在短時間內快速想該怎麼說。但在當下好幾名主考官盯著的壓力之下，要馬上反應、流利地回答，恐怕很難。這種時候使用口頭禪「嗯」、「所以說」、「我想說的是」，可以爭取一點時間整理思考後再迅速回答。

不過為什麼一定要用口頭禪？就不能什麼話都不說，想好後再回答嗎？

事實上，習慣性使用口頭禪的人當中，有些人會害怕「沒有聲音」的狀況。在對話的過程中，常常會遇到無法立即回答的狀況，而充分理解這一點的對方通常也願意耐心等候。但有些人無法忍受在對話中出現短暫沉默，因為覺得很尷尬，所以就用無意義的口頭禪代替，表現出好像還有話要說的樣子。

對於那些難以忍受沉默尷尬的人，有個很好的解方，就是關於沉默的「戰略性」功能。

心理學家把沉默分為單純沉默和戰略性沉默。單純的沉默是沒有任何目的、功能的，若一直延續下去，對方會很容易覺得尷尬和慌張，而產生比用口頭禪填補空白更不好的印象。但是戰略性的沉默卻不同，會說話的人，懂得利用話語吸引人注意，也懂得如何活用沉默。根據研究，比起從頭到尾一直滔滔不絕的說話，若能在中間適當停頓，然後再繼續說話，更能吸引聽眾的注意。聽眾會覺得說話者的話很流暢，其主張的內容也會更有說服力。

回饋的技術

我們吝於給予彼此建議的理由

「不要只顧著玩，看點書吧」、「你只能看電視到八點，然後就去寫作業」。小時候我們都無法抗拒父母的叨唸，因為那是父母說的話，所以我們必須照做，但難免會發牢騷。其實父母不說，我們也知道要做什麼，也可以做得很好，但偏偏要叨唸，一想到這些就覺得委屈。所以小時候總想快點長大，覺得長大後就不用聽那些嘮叨，可以隨心所欲了。但現在長大成人了，卻懷念當時的那些嘮叨。

隨著年齡增長，我們會逐漸感受到周圍的人不會再對我們說些忠言逆耳的話了。父母會說：「你現在是成年人了，應該會自己看著辦吧。」從學校畢業這麼久了，也沒有老師給我建設性建議。朋友之間也為各自的生活忙碌，有人有了家庭，走上不同的道路，很難對彼此的生活說些什麼。剩下的只有職場，但除非運氣真的很好，遇到不錯的主管或同事，否則也很難聽到良好的建議或回饋。若是工作成果不理想，別說溫暖的鼓勵和建議，得到的恐怕只有慘不忍睹的人事評價和減薪、調職等。

但換個角度想，我們又對誰說過好話呢？細究起來，也不是什麼特別的事，會擔心自己是不是多管閒事而猶豫不決，或認為人是不會變的，說再多也沒用，而提前放棄。又或者想著即使我沒說，也會有別人去告訴他，所以我還是保持現狀就好……就這樣，給予回饋和得到回饋的機會越來越少。

但其實大家都知道，回饋具有很多益處，其中最重要的是，可以讓我們知道前進的方向，達到激勵效果。我們可以透過周圍的回饋，客觀檢查自己的目標和現狀之間的差異，確認方向是否正確；如果錯了就可以適時調整，朝正確的方向前進。

回饋可以是正面的，也可能是負面的，兩者都有各自的作用。正面回饋的稱讚不僅讓聽的人感到快樂，還讓人感到被認可的自豪感和對自我的信心。相反地，負面的回饋通常會給人當頭棒喝，提醒我們需要改進的地方，幫助我們成長和發展。

心理學家很早就開始關注回饋的重要性，他們提出很好的方法，讓我們可以與他人互相回饋。

首先，一般認為任何回饋都應該讓對方知道，但實際上，誘導共鳴才是有效回饋的重要手段。也就是說，在提出建議之前，首先需要形成積極傾聽彼此意見、產生共鳴的「氛圍」。

考慮到這一點，如果要進行回饋，**「我訊息」（I-Message）可以達到效果**。「我訊息」是指在有話要說時，將主詞設定為「我」，以真實傳達自己的想法和感受。例如「你為什麼總是遲到？」可以把主詞改成「我」，就會變成「我擔心你這樣常常遲到，那我們就無法完成計畫，很可惜」，平靜地傳達對方的行動、由此產生的影響和自己的感受，誘導對方理解和共鳴。

第二，在正面的回饋中，比起結果和能力，稱讚具體的行為或努力更有效。例如，比起「成績真好」、「頭腦聰明」，若能用「你很努力用功喔」、「看你努力的樣子很好」這種稱讚，具體指出對方用心做的行為、長期執行的成果等，更能產生積極的影響。

第三，回饋時要考慮對方想要什麼，是「情緒回饋」還是「目的回饋」。經歷傷心事的對方，究竟是希望得到理解和共鳴等情緒上的安慰，還是能具體解決問題的建議，要先辨別才能給對方相應的回饋。

另外，根據對方追求的目的，回饋的種類也應該有所不同。研究「目標導向理論」（Achievement Goal Orientation）的心理學家，將人們的任務目標分為「精熟目標」（Mastery Goal）和「表現目標」（Performance Goal）。簡單來說，追求精熟目標的人，比起工作結果更重視執行過程和個人成長；而追求表現目標的人，比起過程更注重可視性結果。心理學家發現，具有精熟目標的人對訊息回饋，即有助於解決問題的有用訊息反應會比較多，而具有表現目標的人對補償回饋，即對任務的評價結果和隨之而來的金錢補償或名譽等，表現出更多的關心。

雖然心理學家一直在研究和建議回饋的各種積極功能，以及有效、具體的回饋方式，但如果在現實中不回饋，那麼回饋技術也不會有什麼用。人們為什麼不善於回饋呢？為什麼我們對彼此那麼吝嗇給予回饋？

心理學家妮可．阿比—艾斯伯（Nicole Abi-Esber）透過研究發現，儘管只是告知對方臉上沾了食物或口紅這麼簡單的事，也只有百分之二．六的參與者會給予對方回饋，可見我們對回饋非常吝嗇。基於這個理由，透過接下來的實驗，可以證明人們傾向於低估對方對回饋的需求。

當向回饋的「傳達者」和「接受者」提出「感覺到回饋的必要性有多強烈」這個問題時，傳達者認同的程度比接受者低。另外，對於為什麼不願意回饋，傳達者表示「因為覺得對方不想要」、「因為不想讓對方覺得我在評價他」、「很怕一不小心就被認為沒有禮貌」、「覺得對方會害羞或感到不高興」等理由。

那麼，應該怎麼做才能誘導回饋呢？研究人員發現，讓傳達者採取接受者的觀點，對誘導回饋非常有效。改變觀點，就是想像「如果自己犯了錯誤，處於需要回饋的情況會是什麼感覺」時，就會出現回饋欲望高漲的效果。

研究「尋求回饋行為」（Feedback Seeking Behavior）的心理學家改變了人們對待回饋需求的假設。雖然過去把人們定義為被動接受回饋的存在，但最近心理學家認為，人類具有主動以各種方式渴求回饋的特性。

前面介紹的研究給我們明確的啟示：回饋技術很重要，但比這更重要的，是願意進行回饋的自信和期待。記住，對方正在等待你的回饋。

主體性與共融性

莫名其妙吸引人的特徵

給人好感的人具有什麼樣的性格呢?這是研究人際關係的心理學家經常關注的問題。關於這個疑問,首先要介紹心理學家巴坎(David Bakan)的「性格理論」。正直、深思熟慮、堅持不懈、有魄力、可靠、固執、自由奔放、以自我為中心、情緒化和神經質……雖然有很多性格表達,不過巴坎找到了隱藏在這眾多表達中的兩個最根本的性格因素,就是「主體性」(Agency)和「共融性」(Communion)。

主體性與自我主張、積極的性格有關。主體性強的人表現出自信、具競爭力、重視成就、重視領導力的特點。相反地,共融性高的人重視自己身為共同體中的一員,強調合作和相互依賴的重要,會表現出溫和、感性豐沛、重視對他人的關懷和紐帶感的特性。主體性和共融性通常與傳統的性別角色有關，但也有心理學家認為與性別無關，是個人差異和性格的一種。

有趣的是，巴坎提到的主體性和共融性，在人際關係中具有評價和接受彼此好感的重要作用。例如，比起凡事畏畏縮縮和消極的人，大家對充滿自信和活潑的人更有好感，這是因為將主體性的特徵作為評價標準。不僅如此，比起冷靜、自我為中心的人，人們更偏好溫和、利他的人。可以想像，這種評估趨勢與共融性也有密切相關。因此帶給別人好感的人，都具有主體性和共融性。

反過來說，為了得到他人的好感，應該怎麼做？心理學家研究發現，共融性是獲得他人好感的最可靠的方法。以溫暖、祥和的態度，容易讓他人放鬆戒心；沒有人會拒絕那些不斷幫助自己、態度親切的人。那麼主體性呢？實際上，主體性帶來的效果沒有共融性那麼明顯。因為主體性高的人帶給人自信、豪爽的印象，他們會毫無顧忌地表達自己的想法，坦然地行動，那種姿態可能會給人很有魅力的感覺。回想一下學生時代，還記得班上所謂「風雲人物」的特點嗎？至少在我的記憶中，班上的風雲人物都有很強的主體性，總是朝氣蓬勃，聲音大又響亮，從不怯場。

但是主體性並非總是有助於獲得好感。根據心理學家研究，主體性高的人容易表現出渴望對他人比較、支配、影響的特性。他們會果斷地提出自己的主張，在與他人競爭的過程中獲取自己利益，這樣的人難免會無意間與他人發生摩擦或矛盾。因此，與共融性高的人相比，主體性高的人未必能受到每個人的歡迎，有時過度專注於自我主張或競爭的行為，可能會讓他人產生戒心或不安感。

既然主體性有著潛在的風險，那麼共融性就是最好的嗎？實際上，在某些情況下，擁有主體性比共融性更好。共融性強的人體貼、親切，然而可能會有人藉由這些特點來欺騙或利用他們，把他們當成所謂的「冤大頭」。同時，共融性高的人不像主體性高的人勇於為自己發聲，因此很難明確表達自己的想法，一不小心就會帶給別人鬱悶的感覺。

讓我們來整理一下。主體性和共融性是對人際關係中形成好感的兩大重要軸心，但無論是主體性還是共融性，都不會只帶來好感，那確切作用是什麼呢？難道就沒有有效發揮各自特性的條件嗎？

對於這個問題，德國心理學家邁克爾．杜夫納（Michael Dufner）和薩沙·克勞斯（Sascha Krause）認為，應該進一步細分人際關係中的「好感」。所謂的「好感」，大致可分為「受歡迎」（Popularity）和「獨特喜好」（Unique Like）。受歡迎意指大多數人都有好感，獨特喜好則是一對一關係中形成的好感。杜夫納和克勞斯假設，主體性有助於獲得大多數人的好感，而共融性則與獨特喜好有關，並進行相關實驗。

他們召集了一百三十九名互不相識的成年男女，將他們分成好幾組，在小組內輪流進行一對一的對話。每次對話結束後，就會詢問參與者對剛才見到的人有多少好感、有沒有想進一步了解的想法、是否有機會成為朋友等問題。同時將整個過程錄影，邀請多名專家一邊觀察參與者們對話的樣子，一邊判斷他們的性格。專家們具體標記了主體性和共融性的行動模式，例如表現出自信、音量較大、炫耀、引領氛圍的樣子，就歸為主體性；若是表現出祥和、恭敬、溫暖、親切的樣子，就歸為共融性。

透過這個過程，分析表現出主體性和共融性的人，受大眾歡迎程度以及獨特喜歡方面的差異。研究結果顯示，在「受歡迎」方面，主體性和共融性都產生了積極影響。換句話說，具有高度主體性和共融性的人，都能獲得大多數人的好感。但在「獨特喜好」方面，兩種性格反映出的影響就不同了。發現共融性高的人較容易給對方獨特喜好的感覺，而主體性高的人就沒那麼明顯。

這個研究結果意味什麼呢？主體性和共融性雖然都是獲得對方好感的方法，但仍必須考慮到各自的作用不同。主體性有利於獲得多數人的好感（受歡迎），但若是在一對一的關係中，效果就比不上具高度共融性的人。

由此可以了解，在日常生活中根據人際關係的類型、目的，應該採取不同的行動策略，如果在發表或演說等希望得到大家注意和好感的狀況，就要均衡展現共融性和主體性；而若是戀愛關係中，展現溫暖、親切的共融性，會比主體性更有利。

成人依附

隱藏在「欲擒故縱」、「漁場管理」中的心理法則

各位知道如何開始談戀愛嗎？首先，第一印象很重要。表情要明朗，行動要有禮貌，對方說話時用心傾聽，透過對話了解彼此，如此便可迅速親近。如果彼此都有好感，就交換聯繫方式，約好下次見面。幾次見面相處之後，兩方心意相通，都有再更進一步的想法，就可以發展成正式的戀人關係，進行更多交流，建立對彼此的信任。

其實這些理論應該沒有人不知道，但是理論只是理論，與他人建立親密感的過程，是一連串壓力和苦惱的延續；最主要的問題來自於信任。在正式成為男女朋友之前，在所謂的「曖昧」階段，會有無數的「信號」在

兩人之間穿梭。「他也會喜歡我嗎」、「昨天他對我說的那句話是什麼意思」、「感覺好像只有我喜歡他，但他對我沒有那個意思」、「要是他把我當成很隨便的人怎麼辦」、「可以相信這個人嗎」，會一直為了確認對方的心意而反覆苦惱。那麼難道克服這些成為戀人，所有的苦惱就結束了嗎？當然不是，「這個人現在還喜歡我嗎」、「他是不是變了」、「以後也可以繼續相信他嗎」、「我們的未來會怎麼樣」、「如果發生受傷的事情怎麼辦」……需要苦惱和再確認的過程會不斷發生。

研究「成人依附」（Adult Attachment）的心理學家發現，在觀察成人戀愛的過程中，很難與對方建立信任。心理學家將成人依附大致分為「穩定型依附」、「不安型依附」和「迴避型依附」，研究兩人之間依附類型的差異，以及關係的滿意度如何不同。

首先，具有「穩定型依附」的人，著重在坦率的自我表現。知道如何坦率地表達對對方的好感、信任，或是拒絕某些事情。他們對建立新的關係毫不畏懼，既不高估也不低估關係的重要性。他們基本上都對戀人抱有信賴感，因此，如果對方對自己生氣或否定，並不會誇大解釋成是對自己本質上的拒絕，反而能理解對方。穩定型依附的人很信任對方，也相信對方信任自己，如果遇到困難也願意依賴對方。

第二，具有「不安型依附」特質的人，會一直擔心兩人之間的信任不足，想要驗證對方對自己的愛。他們具有低估自己、高估他人的傾向。因此總是擔心對方（因自己不足的樣子而失望）會離開。

過於投入關係的同時，也會因為無法輕易接受對方對自己的信任，而頻繁地聯繫、關心、送禮物，或問對方「如果我〇〇〇的話怎麼辦？」、「這樣你還會喜歡我嗎？」等，不斷確認對方的心意。如果覺得對方沒有表現出自己想要的愛與信任，不安型依附的人甚至會為了得到對方的關心，而說謊或做一些誇張的行為。

第三，「迴避型依附」的人難以建立超出自己預期範圍的深層關係。因此，他們認為與對方保持一定的距離是非常重要的，不會刻意追求他人的愛情或信任，對維護關係的投資是三種類型中最少的。他們覺得親密關係沒那麼重要，即使遇到困難也不願意依賴對方，反而會獨自忙著解決問題，表現出比平時更疏遠對方的態度。

心理學家表示，迴避型依附的人看似穩重，獨立心也很強，但實際上他們的自尊較低。他們之所以與對方保持距離，與其說是因為對關係沒那麼關心，不如說是因為害怕被對方拒絕或信任遭到破壞，透過保持一定的距離來防範。因此，在迴避型依附的人當中，也同時會具有不安型依附的特質。如果向對方渴求愛情，對方卻發出細微的拒絕信號（或者有這種預感時），就會瞬間轉變態度，與對方保持距離。

成人依附的類型是如何決定的呢？心理學家研究表示，首先應該從人生初期的人際關係來看。事實上，依附理論最早由心理學家約翰．鮑比（John Bowlby）提出，是指嬰幼兒時期與父母等最親近的人之間發展的持續而強烈的紐帶關係。心理學家瑪麗．愛因斯沃斯（Mary Dinsmore Ainsworth）則透過實驗發現嬰兒的依附模式，可以分為安全型、衝突型、迴避型、混亂型等多種類型。

嬰兒會透過自己的養育者來學習與人建立關係的方法，學習如何對他人產生好感、解讀對方的信號、與對方交流、取得信任等，這個時期的經驗對將來的朋友、同儕關係、成年後的戀愛關係等，都會持續產生影響，因此人生初始嬰兒時期的依附形成比什麼都重要。如果養育者有強壓、虐待、放任、不穩定的養育態度，孩子就無法好好學習信任、接受世界與他人的方法，更會埋下根深蒂固的不信任感，對成人依附的形成產生重要影響。

但是，即使擁有不穩定的依附類型也不必過度擔心，雖然嬰兒時期依附的影響力很強，但透過自己及周圍人的努力和幫助，很多人都可以將自己的依附類型改變為穩定型。我們要理解自己和對方的依附類型，從依附類型的觀點出發，就彼此的想法或感情進行深入的對話。了解對方喜歡的類型，就能獲得更理解對方、配合對方類型的要領。

例如，如果對方有迴避型依附的特質，就要尊重對方保持一定距離，當對方表現出解除距離的信號時，再接近對方、給予愛和信任，才能慢慢穩定地促進關係。

投資模式

無法分手的女人與無法離開的男人

前面我們從心理學了解如何開始戀愛，在這篇來談一下結束戀愛。有沒有可以預測戀愛結束的方法呢？如何察覺對方想分手，或我想分手而對方卻不想呢？

研究戀愛關係的心理學家，曾探討什麼是關係持續和結束的變數。首先考量的變數當然是「滿意度」，假設詢問正處於戀愛關係的人，「對現在的關係是否滿意」、「與戀人的關係是否感受到幸福」等問題，給予肯定答覆的人戀愛關係應該會持續更久，而給予否定回答的人往往很快就會結束關係。但這樣的假設讓心理學家很快就遇到瓶頸，因為實際上沒那麼容易。

偶爾會有這樣的事例，A和B可說是一見鍾情，一開始就覺得對方是自己的理想型，很快就被對方吸引，兩人的背景、興趣、生活目標、信念、價值觀等有很多一致的地方，周圍的人也都說他們是天造地設的一對，並認為A和B的關係會持續很長時間。A和B也這麼想，對彼此的關係非常滿意。但誰知道，他們交往不到兩個月竟然就分手了，周圍的朋友知道了以後都覺得一頭霧水。

再看看C和D的例子，他們雖然是戀人關係，但其實不怎麼合拍。戀愛初期即使有些不合的地方，彼此也不會表露出來，而是努力互相配合。但交往了一段時間之後，C和D都毫不猶豫地表露自己真實的一面。從一開始就關注C和D戀愛的人們，也覺得他們和以前不同，經常在別人面前吵架，或者聽到他們私底下互相抱怨對方。C和D對彼此都有不滿，對周圍的人也毫不隱瞞對這段關係的不滿意，大家都覺得他們應該走不下去了，但他們卻一直持續交往，沒有分手。

為什麼即使是兩方都不滿意的關係，還是會持續下去呢？

心理學家卡里・拉斯布特（Caryl E. Rusbult）認為，決定情侶、夫妻等戀愛關係持續、結束與否的因素，並不侷限於「滿意度」。當然滿足於關係的人有很高的可能性可以維持更久，但正如上述例子，滿意度並非絕對。為什麼看起來沒什麼問題卻很快就分手？而總是抱怨對方的情侶卻繼續交往？為了解開這個疑問，拉斯布特提出了「投資模式理論」（Investment Model Theory）。

在投資模式理論中，他從成本（Cost）和報酬（Reward）的觀點分析戀愛關係。簡略來說，假設進入戀愛關係的人都會在心裡盤算，透過關係的開始、持續，多少都會得到物質和心理上的利益。另外，為了讓對方滿意並維持關係，自己也需要投資時間、努力、費用等成本，那麼就會希望透過關係將報酬最大化，而成本可以降到最低。因此，在權衡關係帶來利益的同時，也會考慮「如果和這個人分手」、「如果和別人交往」、「如果恢復單身不要談戀愛」等對策的可能性，並與現在的狀態進行權衡，這就是拉斯布特對戀愛關係的思考模式。

以結論來看，投資模式理論並不是為了用來了解關係滿意度的理論，而是判斷關係會繼續或結束的理論。它的公式為「滿意度＋投資量－替代性」。

根據投資模式理論，除了滿意度之外，還要考慮「投資」的概念。這裡的投資是指為了維持戀愛關係，從過去到現在投資的時間、努力、費用，以及由此獲得的「副產品」。為了戀人抽出多少時間打電話、約會、約會時的花費、特別的日子準備什麼禮物等，都被定義為對關係的投資。延伸到結婚後有了家庭、子女，或者如興趣方面共享的部分越多，投資就越多。此外，因投資行動而產生的共同經驗、回憶等，也全部包含在投資中。

另一方面，決定戀人關係存續的另一個要素就是「替代性」。如果周圍出現有魅力的異性，那麼可能影響戀愛關係持續的可能性；或者接觸到外在刺激，例如從單身也過得很好的人身上得到啟發，或是社會文化上關於戀愛、結婚非必要的意識擴散，「寧可單身也不要戀愛」的意識更高漲，也會成為妨礙戀愛關係持續的因素。

像這樣以「投資」和「替代性」概念來分析戀愛關係，就可以系統化說明為什麼有些情侶關係看起來不錯卻分手，而吵吵鬧鬧、充滿抱怨的情侶卻一直交往下去。首先，即使滿足於眼前的關係，在關係上投資較少，若同時出現其他有魅力的對象，那麼戀愛關係可能不會持續下去。因為花費的時間很少，感覺沒有什麼損失，所以相對來說可以快速結束關係。相反地，如果交往的時間很長，累積了很多回憶，再加上無法確信會遇到比現在更好的人，即使對現在的關係不太滿意，還是可能決定繼續維持關係。

「既然不相愛，為什麼還要在一起？還是快分了吧！」一般總是認為戀愛關係的持續與否，應該由「滿意度」來決定，所以常常會毫不猶豫說出以上的話。但在當事人看來，情況可能與我們想的有所不同。因為覺得這麼長的時間太可惜、覺得珍藏的回憶全部被否定、覺得可能遇不到更好的人……所以很難結束關係。

投資模式理論因對約會暴力、家庭暴力的心理分析而倍受關注，為什麼在肢體暴力、精神虐待的情況下，還是有拒絕分手的受害者呢？心理學家的研究顯示，這類型的受害者大多對「關係的投資量」自覺很高，對「替代現在關係的可選擇方案」的可行性評價非常低。有些約會暴力的受害者甚至會為了消除低滿足感、高投資、關係持續意志之間的背離感、認知不協調感，而一直自我洗腦「如果我做得更好，他總有一天會理解我的真心」，「他以前都是真心對我好，所以現在這個樣子只是暫時的，總有一天會變好的」，這類的「利他性妄想」也會發揮影響，進而延續關係。

謊言的線索

心理學家如何看透他人想法？

「你能猜出我現在在想什麼嗎？」圍繞著心理學有很多誤會，其中最多的應該就是對心理學家都會「讀心術」的誤解。前陣子我在一場演講中，詢問來聽講的中學生「為何會對心理學產生興趣？」，答案有「很好奇那些受歡迎的同學他們在想什麼」、「學了心理學，就可以知道別人是不是在說謊」……等等，而主修心理學的學生也會覺得為什麼大家都有這樣的「誤會」。實際上進入心理學領域後，需要花費很多時間心力，才能解釋人為什麼會那樣想、那樣做。

現代心理學儼然是科學的一個領域，以實證資料和根據為基礎，證明假設，並創造理論。從這個角度來看，基於神祕直覺或洞察力的讀心術，顯然不是心理學所涉及的領域。但是，從弗洛伊德或榮格的時代開始，神祕的讀心術和心理學就有了密切的連結，人們仍然在心理學上投射出對讀心術的幻想和期待。

也許正因為如此，心理學家雖然不會讀心術，但就像會讀心術一樣，一直關注是否存在能識破對方真意的線索。例如，在犯罪心理學領域，很早就開始使用測謊儀器（Polygraph），心理學家為了尋找能辨別說話者真實／虛假陳述的語言／非語言線索，進行各種研究。那麼心理學家是如何查明對方是否說謊呢？

首先，必須先了解說謊的條件。如果與事實不符，但沒有欺騙的意圖，那算是謊言嗎？或是與其欺騙，不如三緘其口，這也算騙人嗎？心理學家大致上提出三點謊言的條件：

第一，說話者要意識到自己想說的是假話。

第二，說話者不能向聽者告知自己所說的話是假的。

第三，說話者要有故意欺騙的意圖。

事實上，謊言是需要高度認知努力的高等精神過程的產物。首先，說話者有即使編造謊言也想實現的某種意圖；但若如實表達，很可能遭到反對，所以根據各種情況進行推論和預測。預測完成後，就創造故事來掩蓋意圖，並觀察對方聽到時的反應，隨機應變強化故事的作用。

另一方面，對聽者來說，判斷謊言也需要付出很大的努力。從對方的陳述中，自己同時要區分事實和意見，為了發現更確切的真相／虛假線索，有時可以嘗試追問或試探。最重要的是，為了理解謊言，必須具備掌握說話者「意圖」的能力。

發展心理學家發現，人擁有的「掌握某人意圖的能力」，是在人生初期、非常早的時候形成的。人類在出生六個月後，就可以本能地區分他人的善良／惡劣意圖；三歲左右，就可以區分沒有意圖的口誤和故意說謊。

那麼大家可以精準判斷別人是不是說謊嗎？會參考哪些線索來辨別對

方說的是真還是假？研究謊言的心理學家除了調查真實、謊言的線索之外，也研究人們辨別謊言的能力，以及如何探知、信任的相關議題。

如果問「說謊者有什麼特徵」，大概會出現以下回答：迴避視線、刻意整理衣著或摸頭、嗓音突然提高、說話結巴、經常眨眼、不斷變換姿勢等。有趣的是，這些特徵大多是代表「不安情緒」的信號。

但僅憑表現不安情緒的線索，很難完全掌握對方是否說謊，因為每個人感到不安的理由可能都不一樣。人們期待看到擔心謊言被揭穿而感到不安的樣子，但實際上即使是在說真話，也會有人因與對方的關係尷尬或初次見面等理由而感到不安，或是自己先擔心對方不相信自己說的話。

另一個令人訝異的是，研究結果發現，類似警察那樣，在職業上擁有能夠察覺人們謊言的技能的「專家」，實際上察覺謊言的能力並不一定比一般人更出色。心理學家研究指出，這是因為普通人和警察在探測謊言時其實都使用了類似的方法，而為了更準確地辨別謊言，應該用像「陳述效度分析」（Statement Validity Analysis）等更科學的分析方法。

實際上，在調查、犯罪心理學領域，辨別謊言並不依賴警察或司法人員的年資、直覺，而是利用語言陳述分析、語音分析、腦波分析、fMRI（功能性磁振造影）分析、測謊機等高度化的分析工具，分析陳述內容的準確性並製作報告。如果不使用專業設備，也可藉由「陳述內容」辨別謊言的語言陳述分析，推測一般人說話的真假。

那麼專家如何從所謂陳述內容中辨別真偽？首先，要先記住「沒有百分之百的謊言」。事實上，從無到有的謊言對說話者來說也是很大的負擔。不僅在認知上要花費很多努力，而且要編造的內容也很多，更擔心細節的疏失會讓謊言被揭穿，因此，大部分謊言都包含一些誇張或故意遺漏的信息。用語言陳述分析方法來判斷，比起陳述的整體輪廓，會更注重分析個別陳述，找出謊言的特定區間。以下是語言陳述分析過程中參考的一些線索。

第一，「具體性」，也是話語真實性的重要依據。如果在描述行為時提及該行為發生的時間、地點、日期等具體時間，那麼陳述很有可能接近真相。此外，利用豐富的情緒、感覺的表達或比喻等修辭，也可以看作是具體的陳述。

其次，需要注意代名詞的不當使用。心理學家曾發現，想要掩蓋自己錯誤的人，會想讓該行為看起來不是自己做的，所以說話時會故意省略「我」這種第一人稱主語。

第三，說話內容的比重。如果用過多的時間對特定主題進行說明，就可以懷疑是否有故意誘導對不重要信息的關注，以隱藏不想說的重要信息。

想像接觸

即使靜靜地躺著也能和他人親近的技術

社會心理學家認為，人類「分門結黨」的習慣是本能。這種本能有多強，我們可以透過心理學上的「最小團體研究典範」（Minimal Group Paradigm）實驗來了解。研究者們透過扔硬幣的方式，將初次見面的人分成不同團體。在給自己所屬的集團（內集團）和其他集團（外集團）各分配一定金額時，人們出現了一同為內集團爭取更多資金的傾向。雖然大家才第一次見面，還沒有好好認識了解，但不知不覺間已經形成了「我們」、「他們」的意識。

但問題是，人們的本能並不只是單純的分門結黨。分門結黨之後，人們主要會發動兩種偏向，第一，即是之前在最小團體研究典範中觀察到的

「群體內偏見」（In-Group Favoritism），這是指將自身和集團認同感連結起來，積極評價群體價值及所屬成員的傾向性；另一個現象是「群體外偏見」（Out-Group Bias），這是指比起內集團，更單純地看待外集團，試圖將外集團降低到消極方向的態度。根據群體內偏見現象和群體外偏見現象，會產生集團之間的反目、差別、競爭，也會形成我們常說的固有觀念和偏見。

例如像「老人就是固執、古板」、「穆斯林是潛在的恐怖分子」、「女性數學能力差」、「男性不夠細心」、「外貌差的人個性也差」、「有錢人都很狡猾」，這些固有觀念和偏見並不罕見。雖然現在大家已經努力改變，還是很難擺脫固有觀念或偏見的影響。第一次見到陌生人時，我們能得到線索有限，會先接收到一些比較突出有關性別、體格、外貌、服裝等外在特性的信息，在不知不覺中有可能受到固有觀念或偏見的影響。

固有觀念、偏見成為重要的社會問題。當然，不是所有的男性、女性、老人、特定地區的人都那樣，但人們受到固有觀念和偏見左右，很容易討厭並排斥與自己不同的他集團人士，像在韓國，世代間的矛盾、地區矛盾、性別矛盾等各種集團間矛盾仍不斷蔓延。當今對固有觀念和偏見的研究越來越活躍，尤其在美國心理學界，因為美國正是許多人種和民族的大熔爐，所以固有觀念、偏見的影響更頻繁，帶來的社會弊端也更大。心理學家對固有觀念及偏見為何會出現、如何影響人類的判斷、應該如何減少固有觀念及偏見的影響力，都進行了很多研究。

「實際相處之後感覺還不錯啊」、「他的個性其實沒有想像中那麼壞」、「我之前好像誤解了」，我們很容易對第一次見面的人有一些負面的預設立場，但實際相處過後往往會被打破。回想一下公司的招聘過程，雖然會先收到履歷、自我介紹信等線索，但為什麼還需要面試？也許就是因為文件上看起來華麗或不足，但仍期待在真正見面、談話過後可能會有不同的感覺。總而言之，與人直接見面交談，可以成為打破固有觀念和偏見的重要關鍵。從某種角度來看似乎沒什麼大不了，但有時最單純的可能就是正確答案，這就是心理學家對「接觸假說」（Contact Hypothesis）

表現濃厚興趣的原因。接觸假說是指對不太了解之人的固定觀念或偏見，透過直接見面和接觸的行為，可以發生積極變化的假說。

研究接觸假說的心理學家透過實驗發現，如果與原本有固定觀念和偏見的外集團成員直接見面，並進行對話或合作交流，那麼對其的肯定評價就會提高。剛開始的偏見，在進行實際交流後，很多人都說重新認識了對方，以後也想再繼續來往。

有趣的是，「間接接觸」也有消除固有觀念和偏見的效果，心理學家把這個概念稱為「延伸接觸」（Extended Contact）。例如只是聽說了外集團的某人與我所屬內集團的成員關係良好的訊息，即使我沒見過外集團的那個人，也會對他有肯定評價。總之，透過親自見面或認識之人的間接接觸等方式，對消除固有觀念、偏見將發揮強大的效果。

心理學家以老人、身障人士、穆斯林、黑人等不同背景的人為對象，不斷證明接觸假說的效果，但接觸假說具有致命的侷限性。接觸發揮強大效果的重要前提是，無論是直接或間接，首先必須實際接觸。但對於存有偏見的人，在日常生活中要直接交流並不容易，會有實際生活環境或職業限制的影響，最重要的是，對方也會害怕因偏見帶來的歧視和傷害，不願意對外公開自己的真實樣貌。因此，雖然與外集團接觸是消除固有觀念或偏見的有力手段，但由於接觸機會的現實限制，實際執行可能性會比較低，於是心理學家約翰·特納（John Turner）就提出了「想像接觸」（Imagined Contact）。

想像接觸是指未直接或間接與外集團成員接觸，只是在心裡想像交流過程。因為沒有實際接觸，所以試圖想像接觸的人很可能會受到平時對外集團的固有觀念或偏見影響。但令人驚訝的是，從研究結果來看，想像接觸對減少對外集團的偏見似乎有效果。在實驗研究中，與未進行想像接觸的人相比，實施想像接觸的人對穆斯林、老人、身障人士、多文化家庭子女等給予更友好的評價，實際接觸的意向也更高。想像接觸發揮效果的核心，是想像的具體性和積極的語調。越是具體地想像，越關注交流過程中預想到的積極有趣部分，減少偏見的效果就越大。

想像接觸的效果被證明後，心理學家又進行了更多實驗，其中包括對外貌的偏見，研究結果顯示，想像接觸可以改變對外在魅力的偏好。也就是說，進行想像接觸時，對外在魅力較低的異性表示好感的傾向更大。

人們認為固有觀念或偏見會持續一輩子，但研究已證實有方法可以更容易地推倒這面牆。只要抽出一點時間，想像一下和陌生人的友好會面，心就會變得柔軟許多。

集體思考的陷阱

艄公多，船進山的理由

「對，你說的都對！」有時會在網路論壇上看到在留言中寫下這種表述文字，通常這是不想捲入爭論或是非的人，為了從根本上切斷爭論而使用的表達方式。這種說法中似乎隱含了一種微妙的語氣，表達了這些人雖然起初並未拒絕討論，但即使以客觀的依據和合乎邏輯的態度回應，網路上的爭論依然不會平息，因此感到厭倦和疲憊的心情。

但是，為什麼會使用這樣的表達方式呢？對於這一點，有人認為其中包含某種「警告」意味。反正就算確認事實進行說明，對方也只願意看想看的東西、聽想聽的事、說想說的話，爭論會沒完沒了，那為什麼還要進行爭論呢？

一轉眼已經是幾十年前了，人們透過數據機連接電腦通信，進入入口網站，踏入網路世界的記憶至今還歷歷在目。當時網路代表了人類新的可能性和希望，超越物理上的制約，無論何時何地，都能自由上網共享訊息，參與各種決策，夢想著「消除資訊差距和平等」、「與任何人都可以溝通和討論的自由氛圍」、「實現真正而直接的民主」等。

但現實卻並非如此簡單，因為可以匿名，所以各種猥褻的話、傷害他人的話、毫無根據的話層出不窮，迅速傳播到網路世界。人們根據自己的喜好組成小團體，建立社群平臺，形成了「我們這邊」和「別人那邊」，毫無實際意義的話在多數人的支持下變得聲量更大，極端化的意見和意見之間的碰撞，成了網路世界中常見的情景。在很難勝出，就算勝出也沒有收穫的爭論氾濫環境下，開始出現「對，你說的都對」這種表達，從某種角度來看，或許是必然的。

不僅在網路上，人們對討論或會議也有某種錯覺，例如比起一個人決定，越多人一起討論會引導出更好的決定。但是，正如韓國諺語「艄公多，船進山」*一樣，多數人的決策並非總是正確的。經常被指為民主主義制度的缺點、被多數愚蠢意見所左右的「眾愚政治」（Mobocracy）就是如此。心理學家對盲目相信集體決策的現象，解釋為是一種「無錯誤的幻想」，接下來就是出現「一致性的錯覺」（Illusion of Unanimity）。在集體決策過程中，有追求一致意見的傾向，有時因為這種欲望太強烈，會誤以為成員的沉默就是默許。

除此之外，心理學家還發現，如果集團成員之間的嗜好、價值觀、態度、信念等具有同質性，或者具備同質化壓力大、無法輕易提出反對意見的環境等條件，集團的意見會急遽向一個方向傾斜，支持該意見的強度也會增強，這種現象稱為「群體極化」（Group Polarization）。

一旦意見開始偏了，要挽回局面就會越見困難。確認彼此想法相似的成員，可以毫無顧忌地表達心中的各種根據或想法，反覆出現相互聽取彼此想法並學習的過程；在這個過程中，集團的意見會更偏向一方，即便有對集體意見持否定態度的成員，但到了這種程度已難發揮影響力。因為即使沒有人出面要求，也會出現自動遮蓋反對意見的「自我審查」行為。

說到群體極化，必須提到心理學家亨利·泰菲爾（Henri Tajfel）和約翰·特納的「社會認同理論」（Social Identity Theory）。在社會認同理論中，有一種本能，就是把人的內心分成兩派，偏愛自己人（內群體），排斥外人（外群體）。像人們在做自我介紹時，會傾向於以家人、學校、公司等自己的所屬為中心進行說明，這代表人們以自己所屬的集團（我的集團）為基礎，規範自己的認同感。因此，尋找所屬集團，作為成員得到認可，就等於確認自己存在的意義。

那麼，社會認同理論與群體極化現象有何關聯呢？答案很簡單，對集體的歸屬感會對意見的偏向有進一步加深的作用。向所屬集團舉起反對旗，就等於承受自己的認同感可能遭受不正當的威脅；最終，感到「協助壓

*比喻人多嘴雜，無法得出好的決策。

力」的成員們，會猶豫是否該反對所屬集團的意見。

那麼，難道說自己做決定就比較好嗎？不一定。事實上，討論的功能不容小覷。大家應該也能猜到，討論的優點是能夠聽取各種意見。一個人容易偏重於主觀，但透過討論，可以吸納不同的觀點，平衡思維，彌補個人可能忽略的盲點。然而，為了發揮討論會議的優點，必須制定預防群體極化現象的對策。當多人聚在一起，但意見並不如預期般多元，或者反覆出現僅根據高層意見單方面決策的情況時，討論可能流於附和。在這種情況下，如果討論結果不知不覺地偏向某一方，就有必要停下來，反思為何會產生這種「偏向性」，並尋求改進的方式。

研究群體極化的心理學家建議，為了讓討論會議更具建設性，至少要有一名具備「魔鬼發言人」（Devil's Advocate）作用的成員，這個人必須始終扮演批評者的角色，不僅對個別意見，對經過多數協議過程的結論也要提出質疑，才能激發其他意見，平衡對策。

如果希望在討論時能多蒐集意見，那麼在進行討論之前，可以提前與成員們共享會議主題，讓他們有充分時間整理自己的意見並在會議中發表。如果在會議中，可能會發生因壓力或上對下關係的階級負擔，而將自己意見吞回肚子裡的情況，這時可以透過匿名蒐集意見的方式，減輕成員壓力。

放下對「全員一致」的過度執著，對參加討論會議也有幫助。如果能賦予討論不必強行得出結論的心理彈性，成員們便能更輕鬆地表達和調整自己的意見。即使討論需要產生結論，如果各種意見未被充分考慮，或因討論時間過長導致精神疲憊，倒不如暫時擱置議題，讓大家休息並冷靜思考。待下次再重新討論，不僅可以提升討論效率，也能減少因追求「集體決策」而導致的偏差。

公共財博弈

將昨天的敵人打造成今日的我軍

「我們現在是同一條船上的人了。」我們常在電影和電視劇中看到這樣的話，代表以前可能是對立關係，但或許有共同的外部敵人或利害關係而合作。以「船」來比喻，這個說法很有可能來自成語「吳越同舟」，即使兩人互相敵視，在船要傾覆的危機狀況下，也會收起對彼此的反感，齊心協力努力解決危機。現實中會是怎麼樣呢？吳越同舟的故事真的會發生嗎？

在受到威脅的情況下，尋找夥伴、齊心協力是人的本能。人遇到危機會本能退縮，透過積極合作尋求問題解決。其實不只是我們，其他群居動物在危機時也會團結在一起。

心理學家從很久以前就開始關注這種因危機誘導合作的現象，並從多方面展開研究，以理解遇到威脅情況時人們的行為、個人的決策方式有何具體變化。例如，心理學家馬塔·洛約斯卡（Marta Lojowska）、詹姆斯·格羅斯（James J. Gross）與卡斯滕·德·德羅伊（Carsten K.W. De Dreu）進行了實驗，驗證個人的威脅如何使人們團結。實驗中的威脅正是「電擊」，他們在參與者的無名指和小指貼上電擊片，雖然可能會感到輕微的刺感，但不會覺得痛苦；另外有一組人則是沒有受到任何電擊。

隨後，所有參與者都參與所謂「公共財博弈」（Public Goods Game）課題，每個參與者都公平分配到一定金額，為了自己所屬集團的利益，可以從自己的分額中自行決定捐贈金額。當然，這個過程是匿名的，參與者無法知道彼此的選擇，也可以完全保留不捐贈。結束後，所有參與者將平均分享捐款總額的一·五倍。

在這個實驗中，個人利益最大化的選擇就是「搭便車」，自己完全不出一分錢，最後依然和大家一起平分捐款。研究者分析的重點在這種情況下，根據之前的威脅條件（有無電擊），人們會如何合作。研究結果顯示，暴露在電擊中的群體，比另一種未受電擊的群體捐贈更多，完全不捐的「搭便車」比例也較小。僅憑簡單微弱的電擊，就誘導了合作行動，由此可以說明人在遇到威脅時想團結的習性有多強。

不過，心理學家也認為透過威脅的合作並非每次都有效。心理學家簡・恩格曼（Jan Engelmann）認為，如果發動了「我要自己先保命」的心理，就會把自己的利益最大化，只集中於自我保護，反而會使個人朝著更自私的方向行動。

因此，若要透過威脅來誘導合作，似乎還需要考慮幾個附加條件。如果危機是無法迴避的，且個人確信自己的貢獻能有效緩解危機，人們便更可能在危機中選擇合作。然而，若缺乏因自身參與而改善局勢的期待，即使面對危機，人們也未必會團結一致。

洛約斯卡等人在之前的研究還提出了一個有趣的線索，能促進威脅情況下的合作，那就是「個體差異的可能性」。亦即，根據人（性格）的不同，有些人對危機情況更加敏感而選擇合作，也有些人會心不甘情不願地消極合作。為了確認這種可能性，研究者們在實驗的前半部分，測定了參與者的「社會價值指向性」（Social Value Orientation），研究結果顯示，比起平時具有優先考慮自己利益的個人主義傾向者，具有合作性、利他性傾向的人在公共財博弈中捐贈更多。

讓我們整理一下，心理學家認為緊張和威脅能激發人們的合作行為。即便處於威脅的情境中，也可能促成超過數十人甚至數百人的集體合作。例如，氣候變遷與環境問題等跨越國界的全球性威脅，以及二〇二〇年爆發並席捲全球的新冠疫情，不正是喚醒了全人類「共同命運體」意識的案例嗎？這些危機促使了原本難以想像的大規模國際合作。

假設外部敵人或共同目標作為團結的基礎，一直以來都是政治家們常用的策略之一。從當前政治家的演講中不難看出，他們強調合作與聯合的重要性，並以此為依據，提出與周邊國家關係緊張、經濟危機、外交問題等國際層面的宏觀挑戰。即便不是政治家，在我們日常生活中也常見職場主管們為了引導團隊精神，會提出市場趨勢、競爭對手的動向，甚至是大老闆不滿等作為共同的威脅，從而促使團隊成員凝聚並合作。

道德框架

融化心靈冰山的說服技術

「地球生病了！」記得我在研究所時，有一次在學生餐廳吃午餐，發現配餐檯附近貼著一張寫著「地球生病了」的海報，配圖是一顆哭喪著臉的地球，應該是為了提醒大家不要浪費食物。相信大家也有同感，「地球生病了」這樣的訊息並不陌生，尤其是在我們小時候，常常會在各種環保運動中看到這樣的標語。雖然這是一個非常熟悉的訊息，是否能有效促使改變，仍然值得思考；但即便如此，這個訊息能夠長期存在，背後是否也有其巧妙之處呢？

具有說服力的訊息有哪些特點？根據心理學家研究指出，對受害的直觀認知、誘導強烈的情感反應、互惠性、依賴權威、呼籲道德等各種方式，都有助於提高說服力效果。

那麼「地球生病了」這句話，又隱藏什麼樣的策略呢？首先，「有人生病」的訊息，很容易誘導人們的悲傷、同情心等情感反應；而環境保護的主題，與尊重生命、對下一代負責、永續發展等道德內涵則有深厚的聯繫。綜上所述，一方面「地球生病了」先打動民眾的心，另一方面透過呼籲良心，確保說服力，而讓這句標語可以長久延續。心理學家將這種為了說服而強調道德意義的戰略稱為「道德化」（Moralization）。例如反對新的ＡＩ技術時，有人會主張「ＡＩ技術可能會侵犯人權和自由」，就是道德化說服訊息的代表性例子。

道德化戰略對那些行事未考慮道德含義的人來說，可能是一個非常有效的戰略。因為按照說服訊息的行動是善良和正確的，可以為社會正義做出貢獻，那麼有誰會拒絕呢？但道德化戰略不是萬能鑰匙，因為世界上存在太多的道德價值，它們經常發生衝突。像是進步主義和保守主義、以經濟成長和公共利益、多數為主的政策和社會少數的福利等，贊成方和反對方都以道德名義武裝自己，因此越來越多政策方針無法讓人輕易判斷對錯。在這種情況下，無論主張哪一方的道德意義，其效果都不大。道德化戰略的本質是滿足善良的人、正義的人的欲望，是已經具有道德化態度的人透過之前形成的道德信念、價值觀等，來滿足欲望。

心理學家認為，具備道德化態度的人——亦即，比起實用性的邏輯，根據自己的道德和原則選擇贊成／反對立場的人，要說服他們是非常困難的。如果是因為個人利益而贊成／反對，只要提出更多的錢、利益，或許可以改變他們的立場。但是道德、信念不是用所謂的錢就能輕易取代的。特別是從很久以前開始形成的個人信念、價值觀等，是個人生活和認同的重要部分，因此更難以妥協。

由於這些特性，具有道德化態度的人很容易被困在二分法思維中。他們相信自己所相信和主張的是善和正義，認為那些反對自己主張的人「錯了」。在二分法的思考中不可能妥協，因為我說的就是對的，怎麼還有妥協的餘地？在這種情況下，道德化的態度也會成為對反對自己意見的人產生憤怒、厭惡等負面情緒的原因。

那麼，有沒有辦法讓道德化的態度改變呢？如前所述，研究該問題的心理學家表示，現有的道德化戰略——即「為說服訊息賦予道德內涵」的戰略，並不有效。相較之下，掌握說服對象原本重視的道德原理，採直接應對的方式更有效，也就是所謂的「道德框架」（Moral Framing）。

道德框架是指強調對方的立場或行為可能並不道德，以推翻他的信念或誘導混亂。例如告訴贊成回收政策的人，實際上在處理回收物品的過程中會產生大量化學物質，會汙染土壤、水、空氣，還有回收處理所費不貲等，就可能會削弱對方原本的道德化態度。

此外，「道德重構」（Moral Reframing）也是可用於改變道德化態度的有效戰略，強調「遵循說服信息的行為，反而符合他們的道德信念」。據一項政治心理學實驗結果顯示，當讓支持保守陣營總統候選人的保守主義者，了解到該候選人對祖國忠誠的保守價值，並不適合擔任總統這樣的訊息時，該候選人的支持就會減少。同樣地，當進步陣營的總統候選人支持者，從訊息中發現該候選人的政策實際上有違進步價值時，也會轉向不支持他。出現這種現象的原因，要歸功於傳達給他們的訊息，讓他們了解撤回對原本喜愛的候選人的支持，反而才是堅守信念。此外，其他研究也發現，向重視經濟成長的人提出「環境保護才有助於經濟成長」的訊息時，說服效果會大增。

讓我們來整理一下，強調某些事情的道德意義是一種有效的說服戰略，而重新認識道德意義的道德化戰略，對於已具備道德化態度的人來說並不是什麼有效的方法。為了降低因道德化態度可能出現的固執己見、二分法思考模式，動搖對方的道德原則（道德框架）、提出能守護信念的更好對策（道德重構），才會更有效果。

了解連我
都不知道的自己

讓我們一起探索潛在行為模式，
深入剖析影響人生的各種心理因素，
別再讓「自我設限」阻礙你的發展，
現在就開始探索真正的自己！

CHAPTER 3

自我連續性

野心勃勃制定的計畫為何總是失敗？

有一個按鈕，只要一按就會出現一千萬元，你想按幾次都行，會不停吐出更多的錢。

但事實上，你只要按下按鈕，你的意識就會被強制移送到某個地方，那裡什麼都沒有，你要在那裡度過五億年的時間。在這段時間裡，沒有睡著或死亡等失去意識的選擇。

不過五億年後，你的意識會回到現實世界，回到五億年前按下按鈕的時間，身體也完好無損，你會連在未知之地度過五億年的記憶也完全消失。也就是說，只要按下按鈕，就能體驗「立即」獲得鉅款。好，假設現在你眼前就擺著那個「五億年按鈕」，你會怎麼做？

這是日本漫畫家菅原壯太的漫畫內容，公開之後獲得許多讀者的關注。五億年，超越人類認知範圍的時間帶來的恐懼感有股意外的魅力，但最重要的是，如果自己是漫畫的主角，是否會按下「五億年按鈕」呢？這引起熱烈討論。

有人擔心在「五億年」這段超長久過程中會經歷恐懼，所以不敢按；但也有人認為反正回來記憶全失，也不會留下任何後遺症，還可以擁有鉅款，所以主張應該按。

「五億年按鈕」漫畫提出了一個非常老套又根本的問題，那就是「我是誰？」。漫畫中至少出現了兩個視角的「我」，即按下按鈕的「我」和體驗五億年的「我」，而是否按下按鈕的選擇，取決於是否將兩個視角的「我」視為同一人。

若將經歷五億年的「我」視為另一個人，可以欣然選擇按下按鈕。因為五億年後會完全失去記憶的條件，可以讓兩個「我」之間有明顯的區隔。

但是，如果把按下按鈕的「我」和體驗五億年的「我」視為同一人，就很難選擇按下按鈕，因為害怕未來的自己將遭受痛苦，即使記憶消失，但在那五億年的「我」依舊是「我」，經歷痛苦的事實不會消失。

有趣的是，五億年按鈕故事中關於「我是誰」的提問，與心理學中的「自我連續性」（Self-Continuity）概念有關。

自我連續性意味著相信過去的我和現在的我，以及未來的我之間相互聯繫的程度。因為存在過去、現在、未來三個時間點，心理學家將自我連續性分為三類，分別是「過去—現在的連續性」、「現在—未來的連續性」、以及綜合這些的「過去—現在—未來的連續性」。

關於自我連續性的心理學研究為我們帶來了非常有趣的發現，如果過去、未來的視角發生變化，即使生物學上相同的我，也會像面對別人一樣感到陌生。心理學家發現，回想起「現在我」時活躍的大腦部位，與想像「未來我」時活躍的大腦部位不同。

每個人都有計畫，特別每到新的一年，就會定下減肥、自我開發、投資等各種計畫，但要確實實踐並不是一件容易的事情。為了不確定在遙遠的未來能否實現的報酬，必須「犧牲」現在眼前的誘惑（美食、娛樂等），是很難的事。

我們為什麼那麼容易放棄未來的計畫？為什麼會輕易陷入短期的誘惑呢？研究自我連續性的心理學家可能會說：「那是因為現在的我和未來的我並不親近。」

實際研究結果顯示，每個人在自我連續性水準上存在個體差異，而且「現在—未來自我連續性」越高的人，在儲蓄、自我開發、運動等未來指向性行動的傾向就越高。相反地，自我連續性低的人，將現在的我和未來的我視為不同的對象，比起接近陌生的未來我，會更聚焦於為現在的我尋求利益。

那麼，如果改變想法，以人為誘發自我連續性，是不是可以促進自我面對未來的行動呢？心理學家透過實驗證明了這一假設。他們利用電腦後製的技術，製作了實驗參與者老了以後的化身，發現參與者「現在—未來自我連續性」增加，與朝向未來的行動聯繫在一起。

心理學家還提出了幾種在日常中可以嘗試的方法，來提高自我連續性；最簡單的方法是利用想像的力量，認識到現在的我和未來的我是一樣的存在，在心裡想像未來我的具體面貌和特徵。寫信給未來的自己，也是提高「現在—未來自我連續性」的有效方法。特別是從收到信的未來我的立場，再回信給現在我的話，效果會更好。

最近在某些旅遊景點出現了「慢郵筒」，與平常幾天時間就會收到的普通郵件不同，投入慢郵筒的郵件要過一個月到一年後才會收到。寫信給一年後的自己，這件事本身就是令人印象深刻的回憶，但同時也會成為將現在我和未來我聯繫起來的寶貴機會。

另一方面，「過去—現在自我連續性」也是構成統一「我」的認同感的重要因素。康斯坦丁・塞迪基德斯（Constantine Sedikides）等心理學家解釋，Nostalgia（懷舊）的情緒促進了「過去—現在的自我連續性」*。Norsteal是懷念童年、故鄉等的情緒，大致被認為是溫暖美麗的正面情緒。

沉浸在回憶中，過去幸福的事會更幸福、不幸的事會更不幸。這是一種「回憶偏向」，讓過去的自己更加熟悉和親近，最終達到連接過去我和現在我的作用。

如果你想過更有計畫、更有生產力的生活，就加強「現在—未來自我連續性」；如果你想提高自尊感，獲得堅固的自我認同感，就加強「過去—現在自我連續性」。越親近過去的我和未來的我，生活就會變得越健康。

* Sedikides, C., Wildschut, T., Routledge, C., & Arndt, J. (2015). Nostalgia counteracts self-discontinuity and restores self-continuity. European Journal of Social Psychology, 45(1), 52-61.

自我關愛

不要對別人，應該先對自己慈悲

A某一天為了準備重要的發表工作到很晚，隔天比平時更晚起床，他急急忙忙趕到公司，又因為要發表而深陷壓力和緊張中。但是雪上加霜的是，A在準備發表前不小心把資料弄濕了。大部分人遇到這種狀況可能會崩潰、自責不已。但是這時A深吸一口氣，安靜地回到座位上，心裡不斷默唸「我可以做到，這種失誤誰都可能會犯。現在雖然很辛苦，但過去的事就不要再想了。」A怎能如此沉著冷靜地理解自己、安慰自己呢？這與心理學的「自我關愛」（Self-Compassion）概念有關。

心理學家克莉絲汀・娜芙（Kristin Neff）從佛教的「慈悲」概念中獲得靈感，提出了自我關愛的心理學理論。慈悲的意思是「深愛他人，憐憫他人，或者這樣想而施與的恩惠」，如今把慈悲的對象換成自己，也就是說，自我關愛是「包容和理解自己痛苦和失敗」的能力。

具體來說，自我關愛有三個特點。第一個就是「善待自己」（Self-Kindness）。善待自己是指無條件地理解和接受自己的缺點、界限、痛苦經歷的過程。善待自己並不包括「評價」或「當為」（責任）的概念。意即，對錯誤沒有判斷，也沒有「應該～做」的評判，只是原原本本地接受自己的樣子。

第二是「普遍人性觀」（Common Humanity）。我的失敗和痛苦並非只是我才有的特別經歷。雖然細節不同，但誰都會經歷不幸的事情，誰都有侷限性。普遍人性觀就是作為同樣為人所經歷的認同感。如果領悟到這一點，就可以緩解現在痛苦和不安的感覺。我們不是也經常安慰別人「沒關係，我也會那樣啊」、「人生在世，誰都會有困難的時候」、「大家都是那樣過來的」。

最後第三個是「正念」（Mindfulness）。正念與觀點的變化有關。不是以第一人稱的視角，而是以第三人稱觀察者的視角，看待自己及所處的情況。

我們無法從苦惱中掙脫出來的原因之一，就是過於投入其中。如果深陷單一苦惱之中，視野自然會變窄，很容易覺得世上所有問題的沉重負擔彷彿都壓在我身上。因此，我們需要與自己保持距離，就像雖然是我的事，但又不是我的事一樣，退一步，才能更客觀地理解事態，冷靜地摸索解決方案。

研究自我關愛的心理學家表示，擁有自我關愛的心態與各種心理適應有關。例如，在一項實驗中，參與者接受了八週的自我關愛訓練，結果顯示，與對照組相比，接受訓練的實驗組，壓力和憂鬱症狀減輕，生活滿意度和感恩（Gratitude）經驗增加。

除此之外，現有的研究還表明，自我關愛度高的人比較容易忍受拒絕，就算遇到失敗也不會過度否定自己，甚至更擅長維持健康的飲食習慣（藉此實踐「愛自己」的方式）。

不過自我關愛和自我尊重（Self-Esteem）看起來相似，實際上卻有其差異。首先，自我尊重是對自身價值的評價，通常與「成就」有關，而自我關愛是理解並包容自己痛苦和「失敗」的能力。

提出自我關愛概念的心理學家娜芙在其論文中，指出自我尊重概念的侷限性。自我尊重並非總是能有積極作用，有時反而會因為自我尊重度過高，而與他人進行比較或貶低等不穩定的狀況，而助長自私的行動、自我優先思考或與他人競爭。另外，由於自我尊重是透過成就獲得的，因此遭遇失敗時反而會急遽下降（關注這種自我尊重感變動性的學者們，乾脆提出了「自尊穩定度」（Stability Of Self-Esteem）的概念。根據他們的說法，現在沒有必要根據眼前的自我尊重度高低而混亂，因為自我尊重具有變動性，更重要的是在人生中如何穩定地管理它）。

而自我關愛在經歷痛苦和失敗時，也能提供持續的心靈安定。以自我關愛為基礎的思考方式，在面臨自我尊重減少的危險時，也會對我們產生積極的影響。因此，自我關愛可達到代替自我尊重的替代作用。

那麼，為了提高自我關愛度，需要做哪些努力呢？第一步就是自我親切，即從接受自己的缺點和侷限開始，但實踐起來並不容易。人類是不斷學習某種東西的動物，特別是亞洲社會，各種評價和排名現象非常普遍，個人也在各自心中將某種「判斷標準」、「評價標準」內化；因此，需要刻意抽出時間進行「不評價的練習」。

早上或晚上花幾分鐘時間回顧自己的經歷或情緒，會是一個很好的開始。先深呼吸幾下，讓心情平靜，然後集中於現在這一瞬間，再回想一下最近感到負面情緒或犯錯的情況，以及感覺有負擔的挑戰等。

其次，「不要判斷情況和經驗的對錯」，最大限度地引出從相關情況和經驗中感受到的感情和想法，並反覆咀嚼。可以問問自己，「如果朋友也經歷這種情況，我會怎麼安慰他」，把對朋友的鼓勵和支持運用到自己身上。大家都會經歷挑戰、犯錯，要持續回顧，了解這是身為共同體的人類經驗中的一部分。

情緒意識明確性

關注「好像很開心」的瞬間

「這次我們取得了勝利，好像很高興。」

「這是我從事這項工作十年來首次獲獎，所以心情好像特別好。」

上國、高中的時候，國文老師特別說不要用這樣的表達方式。意思是說，他人的感受我們不知道，但自己若不確定自己的心情和感受，這是沒有道理的，所以使用「好像」的推測表達會很尷尬。

我甚至還見過有人直接指責：「心情好就是好，『感覺好像很好』是什麼意思？」

為什麼我們要「猜測」自己的情緒呢？文化心理學家解釋說，這是因為東方人長期受到集體主義文化的影響。

以個人為優先的西方個人主義文化，形成了鼓勵自我表現和展現個性的氛圍，而韓國、日本、中國等著重集體主義文化的國家，則著重在團體的觀感。也因此，謙虛或節制等被認為是美德，自然而然對自己的表現會變得謹慎。

偶然和周圍的人以這個主題交談過，如果不使用「好像」的話，會讓人有一種果斷、冷靜的印象，很有壓力。如果明確的表達，會感覺似乎必須對那句話負責，所以比較不願意那樣說。

可是仔細想想，只是頻率和強度存在差異，推測並表達自己的情緒感受是東西方共同的現象。

以英語圈為例，「I think」、「Um～」、「I feel like～」、「Well～」等表達方式非常常見。甚至在生氣時的發語詞也常是「You know～」。直譯的話，開頭是「你知道的～」，以此尋求聽者的理解和合作，這可以說他們和東方人一樣，也習慣注意別人的臉色和謙虛，所以才會使用這樣的表達方式嗎？

也許，我們推測情緒的表達方式其實有更簡單的理由。先想想，我們什麼時候會「推測」呢？答案很簡單，就是在對想處理的對象不太了解的時候。

事實上，推測自己情緒的理由也是如此。我們很多時候其實都不知道自己現在的感受，開心、愉悅、有趣、舒服、興奮、刺激、高揚、撲通撲通、愉快，有很多表達感受的單詞，但並不是每次都能透過分析來選擇最佳的表達方式。

因此，所有這些積極的情緒詞彙都以相當高的頻率被「好像」（Like）一詞代替，因為我們也不知道有多好、為什麼好、怎麼好，所以就推測並用「好像很好」來表達。

心理學中有「情緒澄清」（Emotional Clarity）的概念，是情緒智商的下級分類之一，代表能正確認識自己或他人的情緒，並向他人有效解釋的能力。

心理學家將情緒澄清發生的過程分為兩個階段，首先是情緒的「監測／注意階段」，在這個階段持續關注自己的情緒，充分感知和感受內心的變化或流向，集中於伴隨心靈變化出現的身體變化階段。

接下來就會進入明確定義自己感受的階段，這是將自己的情緒狀態明確地「範疇化」和「標籤化」（Labeling）的過程。

這些過程看似簡單，但心理學家的研究表示，明確認識自己的情緒需要很多有意識的努力，特別是對經歷過個人心理創傷，或根據社會文化氛圍以抑制情緒表達為美德學習的人們（例如女性或老弱者等少數人、中年父親等）來說，在特定脈絡下的情緒經驗本身就覺得非常陌生。

據心理學家分析，每個人對情緒認識的程度也各不相同，意思是說，有些人重視情緒的經驗，但另一些人卻無視自己的情緒狀態，放任發洩。

儘管如此，我們之所以要關注情緒的明確性，是因為認識情緒的經驗與減少不安、減少憂鬱、增進幸福等各種積極指標有著密切的關聯。

例如，情緒意識明確有決定我們應對壓力方法的作用。清楚認識到自己情緒狀態的人，即使感覺到負面情緒，也不會過於不安。因為知道情緒變化的原因，所以可以有效地制定計畫並實踐如何應對。

另外，研究結果表示，情緒意識明確的人，在經歷壓力時，傾向於選擇「正面突破」，也就是說，與其努力迴避，不如積極解決，或請求周圍的幫助，集中於消除壓力發生原因本身。

另一方面，不能明確意識自己情緒的人，會持續處於負面情緒、身體不適、適應能力下降、低彈性和低自尊感等不良心理健康狀況。

事實上，情緒是人類本能反應之一。因此，心理學家提出了「基本情緒」（Basic Emotion）的概念，將喜悅、憤怒、悲傷、厭惡、恐懼、快樂等每個人類都擁有的最基本情緒進行分類研究，並已持續數十年。然而，從生物學的角度來看，雖然人類擁有感知情緒的機制，但將其積極運用於日常生活中卻是截然不同的課題。

為了理解和接受情緒，最重要的是「情緒表達訓練」，簡單來說，閉上眼睛，集中精力思考現在是什麼心情，這種練習會很有幫助。以自己的情緒為主題寫作或畫畫等，以具體形態表現的行動也很好。

除此之外，可以寫下各種情緒，再回想一下自己體驗各種情緒的過去／現在有什麼不同，在什麼場所、遇到什麼事件等，記住身體的感覺，對改善情緒意識也很有效果。

周哈里窗

我認識的自己VS別人認識的我

建立人際關係時，有時也會認識到「別人心目中的我」和「我所認識的我」不同。

例如，我認為自己性格謹慎，但周圍的人認為我滿情緒化；我很怕生，不喜歡與人相處，但周圍的人認為我很外向，喜歡與人交往。

在我所認識的自己，和別人認識的我之間，這錯綜複雜的人際關係中，讓人產生很多苦惱和矛盾。但不僅如此，你有沒有懷疑過，也許連我以為的自己，都不是真正的自己？

早期，弗洛伊德意識到在我們內心深處隱藏著深淵，也就是「潛意識」

（Unconsciousness），於是他提出用「本我（Id）—自我（Ego）—超我（Supperego）」解釋自我概念，並提出了透過挖掘潛意識中黑暗的欲望、矛盾、本性等方式解決各種心靈問題的想法。

在當今以科學研究方式為主流的現代心理學中，弗洛伊德的理論雖然失去了很多說服力，但他對潛意識的發現和洞察力滲透後代各種心理學理論，至今仍發揮不小的影響力。

現在要介紹的「周哈里窗」（Johari Window）中，也包含了弗洛伊德的洞察力。周哈里窗是以自我探索及改善與他人關係為目的而製作的探索工具，由心理學家魯夫特（Joseph Luft）和英格漢（Harry Ingham）提出（周哈里窗的名稱是取兩人名字的部分字母命名）。

周哈里窗分為四個象限，根據看自己的觀點和他人看我的觀點，分為「開放我」（Open Area）、「盲目我」（Blind Area）、「隱藏我」（Hidden Area），和「未發現的我」（Unknown Area）。

	自我認知的部分	自己不知道的部分
他人知道的部分	開放我 Open Area	盲目我 Blind Area
他人不知道的部分	隱藏我 Hidden Area	未發現的我 Unknown Area

首先，「開放我」是我自己知道，別人也知道的我；「盲目我」是指我不知道，但他人知道的我；「隱藏我」恰恰相反，指的是我知道，但他人不知道的我；最後的「未發現的我」，代表著我不知道、別人也不知道，可能隱藏在我的「意識」中的可能性。

周哈里窗基本按照以下順序製作。首先，這個過程需要兩名參與者，自己和別人（既然如此，就應該是一個了解我、能夠坦率回答的人），兩人被賦予了能表現人的性格、態度、行動、價值觀、動機等的單詞（例如，接受度、適應力、勇敢、聰明、幸福、成熟、耐心、細緻、值得信賴等等）。

收到那些單詞後，本人開始整理出適合描述自己的單詞，接著由另一個人選出在他看來最能表現我的單詞。將篩選的單詞分配在周哈里窗的四個象限：我和他人都選擇的開放我；我沒有選擇但對方選擇的是盲目我；我選擇了但他人未選擇的是隱藏我；最後我們都沒有選擇的，則是未發現的我。

周哈里窗說明了什麼？首先，周哈里窗可以看作是關於自我探索的一種自我診斷檢查。對單詞進行分類後發現，被分配到盲目我或未發現的我象限的單詞數量，明顯多於開放我，這意味著平時我疏於對自我的理解。

不僅如此，周哈里窗還可成為衡量與他人溝通方式或關係形成的線索。例如在盲目我和隱藏我的單詞數量多於開放我，那麼就可以分析哪些單詞分別在哪些象限，找出自己和對方感到相互不理解的理由。

開放我內單詞多的人，就是所謂「祕密少的人」，會開放地溝通，毫無顧忌地展現自己。隱藏我內單詞多的人，是慎重對待與他人溝通的人，盡量不表現自己，因此大多很難與他人形成信任關係。盲目我內單詞多的人，可能過著比起自己更注重他人的生活。這可能反映了對方雖然很了解我，但我因為無法理解自己而焦慮。

假設周哈里窗是個「遊戲」，那麼，首要目標是減少盲目我和隱藏我，擴大開放我的領域。正如之前所述，開放我越廣大，不僅可以更加明確地掌握和調節自己的欲望和情緒，還有助於解決由此引發的矛盾。如果能再將未發現的我的部分改變為開放我，就更棒了。

為了擴大開放我的領域，應該怎麼做呢？基本上需要兩樣工具，那就是「自我揭露」（Self-Disclosure）和「回饋」。自我揭露是大膽地展現對方不知道的我，而回饋是無條件地接受自己不知道，但是對方知道的我。整理一下，自我揭露有助於將隱藏我轉換成開放我，而回饋則有助於將盲目我轉換成開放我。

這個遊戲最後的目標是未發現的我，但多少有些棘手。不過最重要的是將先行課題——盲目我和隱藏我轉換為開放我，要改變未發現的我這部分才會比較容易。因此要反覆努力與他人交流。

為了了解未發現的我，也要持續自我觀察和探索。這個過程可能很短也可能很漫長艱難，但還是要不斷探索未發現的我，才有機會找到更多可能性，得到成長。

另一方面，周圍人的幫助也很重要，我們需要的是能持續觀察我、並毫無保留地給予意見的人。自己進行自我觀察和探索，再加上周圍他人對我的觀察，就能時常交換意見，擴大開放我的範圍。

自我決定

夢想成功的「德業一致」

是否聽過「德業一致」（덕업일치）？德業一致是指將工作與對某件事的狂熱結合在一起，可以說是把興趣和工作結合的意思。例如熱愛音樂的人成為音樂家、把歷史背得滾瓜爛熟的人成為歷史學家，就是典型的「德業一致」。

很多人夢想著「如果可以盡情做自己想做的事，又能賺很多錢，一定會很幸福」，但是大部分人受限於現實的制約或自己的條件、能力，只能當個朝九晚五的普通上班族。

偶爾在職場中也會出現所謂的工作狂，把工作當興趣般熱衷而達成德業一致，但是大多數上班族只把職場當作維持生計的手段，興趣愛好大多在下班後或週末進行。雖然下定決心總有一天要做想做的事、享受幸福生活，但眼前為了維持生計，無法果斷辭職，這是令人惋惜的現實。

不過，如果認真想把興趣結合工作，就應該好好想一下，真的那樣做之後，還能像以前一樣完整地享受興趣嗎？

如果興趣變成工作，那麼不想做的時候也不能放棄。因為要維持生計、要創造充分的收益、想滿足顧客，這些都需要相應的責任感；而且為了具備競爭力，還得繼續學習。

最重要的是，在興趣成為工作的瞬間會感到負擔，有可能失去以往在興趣活動中感受到的快樂。因此，有很多人比起做「我喜歡的事」，更傾向選擇「（現在）我能做好的事」。

德業一致的困難，可從心理學的「自我決定理論」（Self-Determination Theory）觀點進行說明。主張自我決定理論的心理學家理查德．萊恩（Richard Ryan）和愛德華．德西（Ed Deci）將人類定義為「挑戰指向」

和「成就指向」兩種。人類透過制定目標實現的方式發揮自己的潛力，在自我決定理論中，為了發揮潛力而行動的人類動機（Motive）可以大致分為「外部動機」和「內部動機」。

外部動機是指因金錢報酬、他人的期待、維持自尊感、工作重要性的意識等外部因素而產生的動機。而內部動機是指超越現實的重要度、條件、報酬等，單純地從那件事中感受到樂趣、愉悅時發生的動機。也就是說，根據內部動機行動的人們的想法極其單純，「只是想做」、「只是因為有趣」、「因為好奇」才去行動。

研究自我決定論的心理學家認為，比起外部動機，源於內部動機的行動更容易得到滿足。內部動機比外部動機持續時間長，行動時有更高的生產效率和滿足感、積極的情緒經驗等，可以確保得到更理想的結果。

既然內部動機比較重要，那麼應該如何激發內部動機呢？

具體來說，在自我決定理論中，人類具有三個基本需求：

第一是「自主」，希望決定和控制自己想要做的行動或目標。

第二是「勝任」，藉挑戰新目標和學習的經驗，並在此過程中感受到自信和成就的自豪感。

第三是「歸屬」，希望與他人建立親密的關係，積極進行交流互動。

營造保障自主和勝任的環境，是誘發內部動機的核心條件，重要的是營造學習／工作環境，以便自己設定適當的挑戰課題，並感受到實現這一目標的「快樂」。

研究自我決定理論的心理學家，在外部動機和內部動機的關係中發現了有趣的現象。即使形成的內部動機很強，如果在工作過程中發生外部動機的干涉，內部動機影響力也可能會下降，這也是在本篇開頭提到德業一致的困難之處。

當人們懷抱充滿內部動機的心態享受某項興趣活動時，一旦這項活動成為職業，他們的能力與努力便會以金錢報酬等形式被賦予「價值」。這種情況往往引發與他人進行比較，尤其是那些更喜歡或更擅長此活動的人，進而產生相對剝奪感。當興趣的成果不再只是單純的樂趣與滿足，而是被外在的報酬所取代時，從事這項活動的理由也隨之改變。換言之，最初的「因為有趣而去做」可能逐漸演變為「為了賺錢而去做」，最終連感受也會因此而不同。

不管是什麼活動，擁有內部動機、維持完整都不是件容易的事。如果無法從自己的工作中感受到快樂，那麼先關注外部動機也是一種方法。透過階段性地發展外部動機，可以更接近內部動機。在自我決定理論中，外部動機會再細分為四個階段，越上層就越接近內部動機。

第一階段是外在的調節，根據「周圍的期待」、「應該做的義務感」、「金錢等客觀報酬」、「逃避處罰」等理由被動地工作。

第二階段是內在調節。指為了「維護自尊」、「避免無法工作的罪惡感」、「羞恥心」而工作。

第三階段是自我認同調整階段，指高度評價我工作的重要性或價值後而工作。

最後一個階段是綜合調節階段，這也是最接近內部動機的階段。意味著自己決定和行動，在工作中反映自己的人生目標、價值觀、自我狀態等。

如果希望德業一致，擔心理想和現實之間的差距太大，那麼就好好檢查一下自己的動機狀態。若能創造外在的報酬，逐漸提高投入強度，說不定有一天會根據內部動機而實現真正的德業一致。

精神富裕

一定要有座右銘的理由

二〇二三年初，一篇關於韓國人均奢侈品消費額居世界第一的報導*成為熱門話題。韓國人為什麼愛名牌？

當然，不能漏掉經濟方面的因素。名牌消費需要相應的資金，韓國是世界前十大經濟國，國民的整體生活水準和財富水準是實現名牌消費的基本前提。但是超越其他國家，甚至是人均收入更好的已開發國家，躍居奢侈品消費世界第一這點，可以推測出僅憑經濟脈絡無法解釋的其他隱藏原因。

韓國人透過買奢侈品想得到什麼呢？對此感興趣的心理學家指出，主要是韓國人獨有的物質主義（Materialism）傾向。令人驚訝的是，與其他各國比較研究，韓國人的物質主義傾向達到世界最高。

物質主義是指以擁有或獲得物質本身，作為人生的幸福和成功的傾向性。心理學家研究顯示，物質主義傾向較強的人具有以下特性，想擁有更多物質的「占有欲」、對比自己擁有更多物質的人會有強烈的「嫉妒心」、以及非常害怕分享或被奪走自己擁有之物的「吝嗇」。

隨著物質主義研究持續進行，心理學家開始超越描述物質主義者表面特性的層面，更詳細地觀察物質主義者的內在，結果讓心理學家驚訝的是，物質主義傾向與其說是單純的習慣或欲望，不如說是左右一個人整個人生的價值觀或最終目標。

物質主義者在想什麼？雖然每位學者見解都有差異，但歸納出物質主義

＊《東亞日報》(2023)，〈韓國人每人平均精品消費年四十萬韓元——居世界第一〉，https://www.donga.com/news/Inter/article/all/20230115/117445226/1 2023.03.16。

者對物質有以下三種強烈的信念：

第一，是對成功的判斷標準。物質主義者在判斷自己或他人的幸／不幸、成功／失敗與否時，將物質的所有或獲得作為重要標準。也就是說，會根據住多大的房子、收入多少、資產多少來為人生打分數。

第二，以擁有為中心的思考。獲得財富本身對物質主義者具有重大意義，他們將賺錢視為神聖的行為，對賺錢後如何使用相對並不在意。

第三，扭曲對幸福的信念。物質主義者標榜的幸福標準很簡單，就是「財富＝幸福」。因為堅信擁有越多才能越幸福，所以可以放棄現在也能享受的很多幸福，只熱衷於追求物質。

遺憾的是，從心理學角度來看，物質主義更接近於萬病之源。從許多關於物質主義的研究結果來看，物質主義傾向與低生活滿意度、壓力、不安、精神官能症、缺乏積極情緒、悲傷或憤怒等負面情緒增加、低自尊感、自我實現困難等許多心理不適應症狀有密切關係。因此，部分專家指出，像經濟合作暨發展組織＊統計出「韓國是全世界幸福指數最低的國家」，根本原因就是韓國人的物質主義傾向。

如果成為富翁，別人就會崇拜自己，那我就得到幸福。但越是陷入這種信念，距離幸福就越遠。但也不是每個有錢人都不幸福，根據韓國一項研究結果顯示，資產或收入等客觀財富本身不會誘發負面的心理效果，物質主義傾向才是最重要的原因。物質主義者即使經過刻苦的努力成為富翁，如果不能放棄物質主義傾向，仍然很可能陷入不幸。

為什麼會有物質主義呢？首先必須考慮社會文化脈絡，傳統上一直認為助長物質主義是媒體的問題。像金錢可以解決所有問題、誘惑消費者的各種廣告，都提高了人們對物質價值的評價。物質主義者比較敏感，現今網路社群造成的負面影響也不容忽視。如果有人（特別是身邊的熟人）

＊Organisation for Economic Cooperation and Development，簡稱OECD，由全球三十八個市場經濟國家組成的政府間國際組織。

在網路社群平臺上傳炫耀自己新買的名牌，看到的人在不知不覺中也會產生嫉妒心。

不僅如此，社會急遽的變動也是助長物質主義傾向的重要因素。戰爭、通膨和其他社會變化會導致民眾價值觀混亂，加劇把依賴物質作為某種手段的傾向。通貨膨脹和黃金價格波動可說是代表性的例子，如果發生通貨膨脹（貨幣價值下降），黃金的需求和價格就會呈現上升的趨勢。從心理學角度來看，可以解釋為試圖依靠「物質」來消除通貨膨脹帶來的不安感。

事實上，物質主義與價值觀的貧乏、缺失有著密切關係。名牌消費的主要心理原因，是相信擁有名牌和獲得名牌可以證明自身價值的信念；但若有其他手段可以滿足自我價值和意義，就不必依賴名牌等物質。

多項研究結果顯示，幸福的人是富有的人，但並非物質上的富裕，「精神上的富裕」才是與幸福密切相關。有很多研究結果指出，與親密的人形成關係而產生的歸屬感、安全感，以及自由思考、行動的環境，為了實現自我尋找自己想做的事情，從工作過程學習得到快樂的人更幸福。除此之外，擁有自己明確認同感和價值觀的人，不會被物質左右，也可以過得很幸福。

因此，物質主義傾向可能不是不幸的原因，而是結果。有的時候需要探索和確立自己的性格、興趣、價值觀等，如果因不幸的家庭環境或某種原因不能充分實現這一過程，物質主義就會趁機介入造成影響。

「你的座右銘是什麼？」我想大家都要思考一下，有沒有可以自信地說出來的座右銘。座右銘沒有正確答案，除了物質之外，只要能成為我生命的目標、成為自我價值的基礎就足夠了！

敘事認同感

光靠MBTI無法解釋我

「大家好，我是這次新進職員○○○。我的愛好是○○○……MBTI類型是ENFP。請大家多多指教。」

MBTI測試其實在以前就廣泛使用，但從二○一○年代後期開始受到大眾注目。幾乎每個人都做過MBTI測試，對MBTI測試的需求也越來越大，自我介紹時提及MBTI類型變成非常自然的一件事。甚至發展出許多MBTI類型的貼紙或表情符號等周邊商品，不久前，還發生企業提出求職者必須具備特定MBTI類型而引發爭議*。

然而，儘管MBTI在大眾社會中廣受歡迎，心理學家卻對MBTI的濫用表示擔憂。他們指出，MBTI不僅缺乏理論和統計上的充分依據，更重要的是，已經存在如「性格五大特質模型」（Big 5）這樣基於扎實驗證構建的、更為可靠的高階性格測驗工具。

ＭＢＴＩ是一種性格測試，效用就是告訴大家關於我的一切。但是，ＭＢＴＩ究竟能透露多少呢？

首先，ＭＢＴＩ很難擺脫類型論的侷限。ＭＢＴＩ根據四個主要類別，交互組合產生出十六種性格類型。但僅憑這十六種人格，就能解釋地球上所有的人類群像嗎？如果A和B有相同的ＭＢＴＩ，那他們的想法、行動、愛好、目標等就一模一樣嗎？就算是同卵雙胞胎，這種機率也不高。

現在，讓我們向自己提問：「我究竟是什麼樣的人？」如果讓你描述自己，你會怎麼說？在自我介紹時可以發現，人們在介紹自己時不會只說

＊《韓國日報》（2022），「招募職員時一定要做ＭＢＴＩ測試嗎？」招募啟事鬧得沸沸揚揚。https://www.hankookilbo.com/News/Read/A2022081734000680.2023.03.17。

「性格」，更多的是個人愛好、興趣、人生目標、價值觀等。「喜歡運動」、「不太吃巧克力」、「下班回家後喝一杯啤酒，對我來說就是生活的樂趣」、「我的夢想是有一天能回鄉務農」、「我想努力學習成為律師」、「我認為沒有什麼比家人更重要」等，比起自己的性格，我們更傾向以個人喜好、認同感、價值觀來描述自己。

總而言之，「性格」能為自己做的說明並不多。僅憑某人的性格「外向」這一線索，無法知道週末他喜歡去參加同好會，還是和朋友去咖啡店，或是去學社交舞。要了解一個人，我們應該有更多線索，這就是心理學家丹．麥克亞當斯（Dan Mcadams）將重點放在「敘事認同」（Narrative Identity）的原因。

敘事認同是指某個人一生的故事，以及從這些故事中展現出的那個人獨一無二的身分特質。簡單來說，它代表了一個人在過去生活中經歷的各種體驗，更進一步地，也包含這些經驗所揭示的個人生命目的、理由與價值觀等。敘事認同最大的優點，在於它不忽視「做自己」的重要性。我們每個人都是特別的。在地球上，數十億人中，沒有任何一個人能完全擁有與我們相同的條件與經歷。而正是這份特別，讓我們成為了真正的自己，擁有了獨一無二的身分。

自我認同感鮮明的人可以過幸福的生活，對自己敘事認同明確的人，不會只停留在性格測試所表現出的氣質類型，而是有自主思考、行動能力和可以控制所處環境的強烈信念。能夠完全接受自己的優點和缺點，懂得為了個人的成長而努力，而非受限於類型分類去畫地自限。這些人的人際關係很圓滿，而多數心理學研究也用數據證明了敘事認同與精神健康密切相關。

那麼，如何擁有自己明確的敘事認同呢？根據研究指出，敘事認同的形成是有階段性的＊。

＊Park, S. W., & Moon, H. (2022). Assessing identity formation via narratives. Current Psychology, 41(6), 4066-4078.）Psychology, 41(6), 4066-4078.

首先，要做好尋找線索的工作。如果現在身邊有白紙，就拿起筆開始吧！寫下你人生中的重要事件，不管是影響現在生活面貌的決定性事件，或是即使時間流逝仍留在記憶中的事件，大事、小事都好。列好之後就開始對這些事件進行闡述，是什麼時候、在哪裡發生、結果如何，在這個過程中感受到了什麼心情，當時採取了什麼行動。

第二，銜接主要事件。事件之間有沒有任何共同點？在對事件的反應中，有沒有發現自己的一貫性？敘事連接與自我概念（Self-Concept）的形成有密切關係。我是根據什麼價值行動，具有什麼性格，這是了解自己的過程。另外，還可以找到我的喜好有什麼共同點、我想迴避的事，以及我想成為什麼樣的人。

第三，對自我概念進行深入探索，並進行內化。這可以解釋為從「觀察者」到「主角」的過程。不再是從家人、朋友、熟人的視線來看人生中的各種事件，而是從我自己的角度看待和解釋，思考能否賦予意義。而且這與自我概念有關，需要思考我這樣想和行動的原因是什麼。

第四，眺望生活目標。最終，我這個人希望過什麼樣的人生呢？根據我的各種特性，擁有的價值觀、追求什麼樣的生活才最有意義和幸福？在提出這些問題並追求答案的過程中，可以形成自己的洞察力觀察人生和世界，即使時空發生變化，也有不可動搖的堅定信念與價值觀。

自我耗損

苦思後的壞選擇

購物時，人們常因猶豫要不要買而消磨時間。猶豫的時候，我們的心裡會有什麼變化呢？

在我們反覆思考的過程中，心靈資源不斷被消耗，自我調節能力會下降，結果處於「自我耗損」（Ego Depletion）狀態。我最近正經歷這種狀況，為了購買電視機而造訪賣場，考慮著價格、大小、性能等各種條件，看了很多產品，頭腦裡的資訊變得複雜，最終因疲憊不堪而購買了第一個看到的產品。

自我耗損是指因資源消耗導致自我控制或自我調節能力下降。我們的資源由大腦的能源葡萄糖（Glucose），提供我們所需能量和維持集中力、意志力。購物需要不斷做出決定，在這種情況下體內能源消耗很快，結果自我調節能力下降，造成衝動購買的可能性很高。

關於自我耗損有很多研究，美國社會心理學家羅伊．鮑邁斯特（Roy F. Baumeister）與研究團隊首度用實驗證明了自我耗損現象。他們測量了連續進行自我調節任務的實驗對象的血糖，結果發現，能量的消耗導致血糖下降。

自我耗損對人類的能量提供了非常有趣的發現，與透過食物補充能量一樣，精神能量也有容量限制，需要適當的「數值管理」。

人的精神能量可以比作電池，無論是日常生活中的任何事情，只要關注和集中，精神能量就開始消耗。如果超越單純的關注，進行具體思考、選擇、並做出決策，精神能量的消耗速度就會更快。但精神能量的容量是固定的，需要及時補充，只有攝取食物或睡覺等充分休息，才能重新補充精神能量。

偶爾聽到有人「精神力」、「意志力」超強，或是所謂被逼到極限時會出現超人的集中力，但嚴格來說，他們還沒有達到自我耗損階段，如果達到自我耗損狀態，會精疲力竭、根本什麼都做不了；嚴重的情況下，即使吃好睡飽，仍然感覺疲憊不堪，可能出現所謂的「Burn-Out」現象。

心理學家強調，自我耗損與各種負面行為有很大關係，例如在草率之下做決定，或是出現攻擊性的衝動行為，像是平時溫和的人變得尖銳敏感，或是原本飲食控制中卻突然暴飲暴食。

不僅如此，自我耗損還會使人在面對固有觀念或偏見時更加脆弱，因為可做出理性判斷的能量已經枯竭，所以更容易出現內心深處的本能反應。

那麼平時自我控制能力強的人會自我耗損嗎？起初，心理學家認為，自我控制能力強的人應該不會經常出現自我耗損現象，而且就算能量大量消耗，也可以很快就恢復。

但是根據最近研究發現，自我控制能力強的人反而容易出現對自我耗損應變力弱的現象，因為他們比較少經歷自我耗損，因此反而不知道如何應對。

為了避免自我耗損，我們需要找到管理自己能量消耗的方法。在日常生活中經常遇到急迫的情況，例如趕報告、準備會議、購物等，為了減少能量消耗，可以利用日程管理、設定優先順序、短期目標等。為了最大限度地減少資源消耗，還可以考慮適時緩解身心，像是進行運動、冥想、讀書、興趣活動等，可以放鬆身心，培養支撐的力量。

歸根究底，為了減少自我耗損的現象，我們必須對管理自我能量消耗的方法進行深思和反省，好好想想如何在有效時間內消耗能量，取得高效成果。

「決策」也有黃金時間。當然，若沒有任何資訊又必須快速做決定並不合理，但是，盲目地多思考、多調查，並不代表就能做出更好的決定。最好在達到自我耗損狀態之前做出決定，如果感覺已經累了，也可以將決定時間往後延。

例如很多公司很喜歡開所謂的「馬拉松會議」，但這種會議的決策常常是在自我耗損的狀態下得到的。因此，如果不幸成了馬拉松會議，不如就在會議尾聲只整理討論內容，留到下次會議再做出決策，會是更有效率的方法。

個人所處的環境因素同樣會促進自我耗損。我們在日常生活中所看到、聽到和思考的一切活動都會消耗心理資源，尤其是那些引發「不自然感」的活動，消耗更為嚴重。例如不想做的事、硬著頭皮做的事、再累也得做的事、傷心難過還得強顏歡笑的事，在這些不自然的情境下，自我耗損的速度會更快（事實上，心理學實驗中為了人為誘導資源消耗，經常使用如情緒抑制訓練等與不自然情境相關的任務）。因此，為了有效管理心理資源，減少經歷不自然情境，透過控制自身及周圍環境的努力，也可以說是非常重要的。

身體偏向性

身體變了，心才會變

身心相連，心靈的變化會影響身體，反過來身體的變化也會帶動心靈。心理學將這種連接稱為「體化認知」（Embodied Cognition），心理學家透過多種實驗證明了身體和心靈的連接性。

其中，心理學家約翰．巴奇（John A. Bargh）在《科學》（*Science*）雜誌介紹的實驗特別有名。實驗顯示，當其他條件都相同時，喝熱咖啡的人比喝冷咖啡的人對他人的肯定評價和讓步行為會更多，這是因為從咖啡杯傳來的物理溫度，會影響心靈的溫度。

那麼，反過來也相通嗎？心理學家表示這也是有可能的。想想我們不是常說「孤獨、寂寞、冷」，相關實驗結果顯示，經歷孤獨的人比沒有經歷孤獨的人，更容易感受到相對較低的溫度。

再更進一步來看，心理學研究人的心靈，而且把重點放在科學說明和預測改變心意時，行為會有什麼變化，關於「動機」的研究就是代表性例子。這項研究證明了我們的心想要什麼時，我們的行動方針就會因此而改變。但是正如之前所述，身心是相互聯繫的，因此，如果心靈的變化會導致行為變化，那麼身體的變化也會導致行為的變化。

研究身體的心理學家主張，過去心理學專注於心靈研究，忽視了身體對心靈和行動變化的影響。也就是說，應該超越心靈與行動之間的關係，研究身體—心靈—行動、或是心靈—身體—行動之間的聯繫。因此，歐美等國以所謂的「身體意象」（Body Image）概念為基礎，積極研究人對身體的認知（身體—心靈），以及這會帶來怎樣的行動變化（身體—心靈—行動）。

對身體意象的認識，與減肥、暴食症等飲食行為、接受整容手術的意圖等密切相關。特別是身體是構成「我」的一部分，因此與「自我概念」（Self-Concept）也有很深的關聯。著眼於此的心理學家提出了「身體自尊」（Body-Esteem）的概念，證明身體自尊與自我尊重有很高的相關性。

大家可以揣摩一下各自對身體的想法。擁有健康的身體很重要嗎？擁有美麗的身體重要嗎？應該很多人會回答「是」。實際上，我們在描述理想身體特徵時，經常同時涉及健康和美麗。但是，如果必須「權衡」健康和美麗，只能選一個，你會選擇哪個呢？這就是關於「身體偏向性」（Body Value Inventory-Inclination）的問題*。身體偏向性是指個人認為外貌和健康哪個對自己更重要的信念。

*金完碩、柳延才（2007），〈身體價值標準的開發和妥當化：身體操作性標準與身體偏向性標準〉，《韓國心理學會誌》26(1), 1-21。

年齡對身體偏向性的影響難以忽視。長輩們對年輕一代告誡：「健康最重要」、「失去健康就是失去一切」、「只有擁有健康才能做事，生病了什麼都沒用」。隨著老化產生皺紋、大小病不斷，對健康的關心自然而然地會增加。相反地，年輕人身體非常健康，相對來說不太關心。相較之下，對異性的好奇心、戀愛、感情等在這需要他人關注的時期，比起身體健康，會賦予外貌更多的價值。

有趣的是，即使是同齡人，對身體偏向性的回答也各不相同。不管是年輕人或上了年紀的人，都有人會因為賦予外貌或健康更多的價值，並為了實現其價值而改變自己的行動方針。有些人雖然年輕，卻很重視健康，努力運動，吃營養的東西，每年接受健康檢查。也有人在成為爺爺、奶奶之後，依然會買流行服飾、定期上美容院整理頭髮，甚至接受一些微整形手術。由此可知，身體偏向性並不僅取決於年齡。

根據現有研究，身體偏向性也會根據性別表現出不同的現象。女性與男性相比，平均表現出比起健康更重視外貌的傾向。首先，可以和進化心理學的「男性看女性的外貌，女性看男性的經濟能力」理論一同說明。如果想從更現實的角度切入，就不能忽視網路和媒體的影響力。突顯經濟能力出眾男性、外貌美麗女性的那些刺激性廣告、影像、網路貼文等，都助長了女性對外貌的關注。

有趣的是，身體偏向性也會根據宗教出現不同的結果。有信仰並虔誠的宗教人士，與沒那麼虔誠或完全沒有信仰的人相比，重視外貌的傾向更低。可能的原因有幾個，首先，比起外在的夢想，大部分宗教更強調精神層面的修養；第二，宗教的積極功能之一就是為生活指明方向和價值觀，提倡利他、奉獻的生活、用心在自己的事業或修行等促進身心健康的生活形態，重視外貌的價值觀自然被擠到後面。

大家如何看待自己的身體？希望自己的身體在遙遠的將來變成什麼樣子？身與心是相連的，如果心中存有成長的概念，那麼同樣在身體上也可以建立成長的概念（當然這裡所說的成長，並不是個子變高那類的成長）。為身體制定一個成長計畫如何呢？擁有怎樣的身體才會讓你感到幸福？如果健康和外貌都無法完全放棄，那麼應該在哪個平衡點上找到和諧？是否能更深入地探討身體所具備的價值？讓我們一起關注身體所蘊含的多重意義吧！

自我設限

心不由自主地圖謀失敗

人會進行挑戰的原因是什麼？當然，如果挑戰成功，無論是成長、報酬還是周圍的認可和關注，我們都會期待比平時獲得更多的東西。因此，即使存在風險，人還是會經常選擇挑戰。挑戰困難的證照、挑戰跳槽到更好的公司。也會珍惜利用下班後或週末時間，準備展開第二人生。

挑戰是為了體驗成功，但心理學家在觀察挑戰者時，發現非常有趣的現象，與挑戰的意義背道而馳的是，有些人不僅沒有努力，甚至故意妨礙自己，導致最終失敗。

心理學家將這種自己製造妨礙因素、破壞行動的現象稱為「自我設限」（Self-Handicapping）。自我設限的概念是由心理學家史帝芬．柏格拉斯（Stephen Berglas）和愛德華・瓊斯（Edward Jones）提出，被解釋為是應對失敗或成績下降而製造障礙物或藉口的行為。

自我設限的最大動機，是保護自尊心和維護個人聲譽。人們會為自己的失敗創造看似合理的理由，藉此對自己進行合理化，同時向他人提供令人信服的解釋。為了增強這些理由的說服力，人們甚至會刻意付出努力去製造障礙，最終導致失敗的結果。

仔細觀察會發現，自我設限有兩種形式。第一，為了「行動層面」的失敗，故意懶惰、逃避、分心等，直接製造障礙；第二，從「主張」（Claimed）的角度出發，雖然不會故意做出妨礙的行動，但取而代之的是提前準備失敗後的藉口。心理學家解釋說，雖然會盡全力尋找藉口，但如果情況不順時，就會製造或誇大嚴重的壓力、疾病、睡眠不足……等實際上自己沒有經歷過的假想原因為藉口。

那麼自我設限對保護自尊有效果嗎？從短期來看，自我設限顯然提供了暫時的安全感和保護，免受負面評價。但是，自我設限造成最致命的副作用，其實是「剝奪成長機會」。就像「失敗是成功之母」這句話一樣，失敗的經驗會根據個人接受度成為教訓、成為今後成長的基礎。是可以成為面對自己的不足之處、摸索改善機會的轉折點。然而，自我設限卻讓人對失敗的根本原因視而不見。隨著成長的停滯，使用自我設限導致的失敗經驗不會減少，反而會不斷累積。最終，這些累積的失敗與藉口不僅會對自尊造成負面影響，也會損害個人在他人心目中的聲譽。

因此，最好不要陷入自我設限的陷阱裡。但是自我設限令人害怕的一點，就是會在沒有意識到的情況下陷入其中。很少有人會真的認真考慮「能拖就拖吧」、「就想辦法製造失敗吧」，但偏偏那天身體特別不舒服（顧名思義，真的會覺得身體不舒服。心理學家將此稱為「體化症」），或沉迷於平時不關心的事務，而真的疏忽了正事。

想想看是否曾因為身體不舒服而早退，但一回到家什麼病痛都沒了的情況呢？像這樣，在事後才發現時常有自我設限的情況發生，雖然當下沒有察覺，但隨著時間過去，就會發現問題起因並非我的狀態，而是我想製造「藉口」的心態。

如果不想陷入自我設限，該怎麼辦呢？首先要考慮的是任務的難度。如果是容易的工作，就沒有必要製造藉口誘導失敗，只需要減少工作量或調整成更實際的目標。

如果要做的事情不可避免地多，最好以細部為單位劃分工作，減少被工作「壓倒的感覺」。如果覺得一個人很難承擔，就向周圍的朋友、同事請求幫助，找人分擔也很有效。如果因持續的壓力而飽受痛苦，那麼尋求心理專家的幫助也是很好的辦法。

另一方面，會自我設限的人，通常要守護的價值是他們的自尊和名聲，即使事情的結果出現錯誤，如果能營造不損害自尊或名聲的環境，那麼陷入自我設限的誘因也會減少。

自尊並不是只會被工作的成功或失敗左右，與親密伴侶的關係、追求生活的意義、確立屬於自己的價值觀和標準等各種要素，都支撐著我們的自尊。所以，如果在工作中取得成就與否總是會動搖自尊，那麼就必須回顧一下，是不是在生活中過度把心思放在與工作相關的部分。如果你相信只有工作上的成就才能證明自己，那就該靜下心來好好重新思考。

「失敗為成功之母」雖是老生常談，但對想克服自我設限的人來說，沒有比這更好的比喻了。失敗的經驗對每個人來說都是痛苦的，也許有人會對我的失敗經歷指指點點，但是心理學家指出，比起工作的具體結果，集中於「過程」本身才是真正實現自我發展的道路。

實際研究顯示，比起注重工作結果的人，注重過程的人實際成果更高，發展速度也更快。無論結果如何，如果在進行工作的過程中有所收穫、產生了成就感和興趣，那就是學習和成長的關鍵。

CHAPTER 4

尋找隱藏能力的方法

想釋放內在的無限潛能嗎？
運用「執行意圖」讓人生自動化、以「心流」
體驗超集中力的暢快，並用「成長心態」
不斷擁抱挑戰，啟動你的無限可能！

執行意圖

引領人生自動化的技術

寒冷的一月早晨，B坐在餐桌前寫下了新年新希望——減掉十公斤。她想像自己在公園裡跑步的樣子，涼風拂過臉上。B感到希望和興奮湧上心頭。

在最初的幾週，似乎沒有什麼能阻止B。她很早就起床，穿上跑步鞋在公園跑步。每天，她都會努力取得進展，嚐到了成就感。但到了二月，情況開始逐漸發生變化。天還沒亮的寒冷早晨，起床變得越來越困難；一度熱衷充滿活力的運動，不知不覺間開始覺得麻煩。三月還沒到，B之前的努力消失得無影無蹤。跑步鞋被埋在鞋櫃角落裡積滿了灰塵，一度仔細按表操課的進度表被扔進抽屜裡，再也沒有拿出來過。B的新年新希望和其他人一樣，就這樣被拋棄、無法再實現。

韓國有句成語叫「作心三日」，意思是雖然下定決心，但這份決心卻堅持不了三天。歲末時節去大型文具店一看，定會看到很多選購日記本的人。日記的種類很多，仔細觀察就會發現有很多可以制定目標並記錄的樣式。

今年年初，我也陪妻子去買日記本，看到琳瑯滿目的各種日記本、手帳，就連不寫日記的我也產生了興趣。周圍挑選日記本的人眼中都充滿了對新年的期待和自我的決心。但是三個月後，當我在撰寫這篇的內容時，不禁想到，當時在書店買日記本的那麼多人當中，有幾個人還在認真履行自己制定的計畫呢？

大部分的計畫、目標具有的最大問題，就是制定者的意志、實踐與否。無論制定多麼華麗的計畫，如果不執行，那就是連廢紙都不如。心理學家看著無數計畫失敗的人，深入思考為什麼計畫不能順利進行，並尋找有沒有促進人們實踐的方法。在這裡要介紹的「執行意圖」（Implementation Intention），就是心理學家經過深思熟慮後提出的簡單有效心理技術。

執行意圖是心理學家彼得・戈爾維策（Peter Max Gollwitzer）提出的概念，因方法簡單、效果顯著而備受學界及大眾的廣泛關注。執行意圖不僅是個人想達到的目標，還探討何時、何地、如何實現等計畫，透過這些計畫，個人可以縮小意圖和實際行動之間的差距。

也就是說，執行意圖有助於將渺茫的目標轉化為可行。實際上，與執行意圖相關的現有研究還證明，形成執行意圖的參與者比單純設定目標的參與者實現目標的比率更高。有趣的是，執行意圖也有助於養成健康的習慣，並能有效減少不良習慣。

對此，心理學家約翰・霍蘭德（John Holland）與研究人員以荷蘭通信公司的職員為對象，進行計畫何時、何地、如何回收紙類及一次性紙杯的實驗。實驗結果顯示，採用執行意圖策略規畫具體目標、時間、方法的實驗組，與其他條件的對照組相比，傾向更進一步減少一次性杯子或紙張的使用量。

執行意圖的核心，是以「如果～就會～」（If-Then）為代表的連接紐帶形成和自動化（Automaticity）兩種機制。

程式開發人員寫程式時，程式中應該包含運行規則，也就是計算法，其中包括假設問題（If）。例如，在製作自動銷售商品的程式，開發人員可以設定以下條件，「如果（If）庫存大於0，可以點擊購買按鈕（Then），否則（Else If）就不能點擊購買按鈕（Then）」（雖然實際上比這更復雜，但為了說明條件句的原理，在此簡單呈現）。

如果情況條件（If）和相應的行動方針（Then）明確，就不會發生混淆的事情，自動化將變得簡單。在日常生活中應用執行意圖的原理也是如此。就像假設自己成為程式一樣，將連接「如果～就會～」的代碼輸入自己。假設時間、地點、情感狀態等各種情況條件滿足時該如何行動的演算法即可。

此時重要的是情況條件和行動方針要具體化，例如比起「早上起床（If）、刷牙（Then）」，設置成「早上七點十四分（If），到洗臉臺前拿牙刷（Then）」才能更容易實現自動化。如果行動方針是抽象的，那麼很有可能會感到負擔，減少實踐頻率。以學習為例，比起「早上九點十分開始學習多益」，用「早上九點十分打開多益教材解第一道題」更能減輕實踐負擔。

最後，If-Then 結構的形成，透過反覆作業實現內化（自動化）很重要。也許這一部分是與軟體編碼的唯一區別。以程式為例，只要編碼正常，就能繼續運行，但人類並非如此，因為我們有記憶和遺忘的裝置。

因此，透過多次實踐相同的 If-Then 程序，使其完全刻印在我的生活方式上，這點非常重要。如果大家想制定有關任務或人生的目標，請積極利用 If-Then 策略。剛開始不要感到太大負擔，最好製作小而簡單的程序，熟悉之後若想實踐更上層的目標，則可以再增加 If-Then 的目錄，並以高度化的方式進行應用。有想實現的夢想嗎？一個小而簡單的計畫可能會帶來「蝴蝶效應」的效果！

心理對照

把想像變成現實的方法

如果想像可以如願以償該多好啊？想像成為富翁，不知不覺間便成了富翁；想像著進入大企業，若能因此如願以償，就會覺得非常幸福。

研究人類想像力的心理學家解釋，這樣的事並不只是虛幻的故事。當然，並不是說僅憑想像就能實現一切。想像力具有激勵作用，可促進實踐行動的效果，所以只要有效利用，就可以讓我們更接近目標。

心理學家嘉貝麗．歐廷珍（Gabriele Oettingen）提出的「心理對照」（Mental Contrasting）技術，就是透過想像力幫助實現目標的代表性心理技術。

大家有自己獨有的激勵方法嗎？我覺得各位在生活中至少應該想像一下「實現夢想的未來的我」並賦予動機。例如想像考試成績全校第一，得到老師和父母稱讚；在公司考績第一，獲得高額獎金；創業成功賺了很多錢，買下心目中的房子，過著悠閒的生活等。或許，每個人都有夢想中的「理想我」（Ideal Self）的面貌（關於理想我的詳細內容會在第五章介紹）。

但是心理學家建議，僅憑想像未來理想的樣子，不能確定是否賦予動機效果。如果埋頭於對未來的想像，就會產生彷彿實現夢想的錯覺，從而導致提前耗盡實現夢想應該感受到的「恍惚感」。因為只專注於想像，消耗自己真正需要花費在制定計畫和實踐上的寶貴時間和精神能量，這一點也會成為問題。

因此，研究心理對照技術的心理學家解釋說，僅憑「對未來的想像」是不夠的。相比之下，「明確認識未來和現實之間的差異」對激勵更有效。

在一項實驗中，將參與者隨機分成三組，分別受到不同的引導，依「想像條件」分為「積極想像」、「消極想像」、「心理對照」。首先，積極想像組的參與者可以自由想像所有問題都解決的未來；消極想像組則是想起了問題未解決的消極狀況；而心理對照組則是交替進行積極想像和消極想像。

實驗結果顯示，三組之中，心理對照組的參與者制定更多計畫，表現出更負責任的態度，感覺更有活力，並為了達成目標願意付出更多的努力。

歐廷珍整理研究結果，提出了「WOOP」原則，分別是願望（Wish）、結果（Outcome）、障礙（Obstacle）、計畫（Plan）的縮寫。也可以用於智慧型手機應用程式開發使用的WOOP原則，是能幫我們執行和實現目標的優秀心理工具。

WOOP傳達的訊息很簡單，可以自由做夢，但不能迴避現實。在想像夢想的同時，我們應該在腦海中描繪更現實的計畫，以及今後可能遇到的障礙。如果想到了障礙，那麼下一步就是制定能克服障礙的對策。

另一方面，心理對照技術的效果可以應用於很多領域。例如將運動生活化、改善飲食習慣等，對提高健康也有幫助。同時也適用於人際關係，可以結交更多新朋友、強化與熟人的紐帶感等為目標，對照現實困難和計畫，賦予動機的過程並對維持理想的關係做出貢獻。

將這種心理對照技術（Mental Contrasting）和之前以If-Then說明的執行意圖（Implementation Intention）相結合的目標管理策略，在近來受到心理學家的廣泛關注。取自以上策略的第一個字母，名為「MCII」的技術，證明將兩者結合時，比單獨執行其中一項可以更有效地實現目標。

MCII技術可分為以下四個階段在日常生活中使用，**第一，目標設定**。首先，設定想達成的具體目標，這時必須確認目標是否對自己有意義，是否擁有可實現的充足時間或資源。

第二，心理對照階段。想像達成目標時的結果。這裡指的是具體想像

「若實現這個目標，會有什麼感受，會產生什麼積極影響」。考慮到目前的情況，確認一下妨礙達成目標的障礙有哪些，並思考如何克服。

第三，執行意圖階段。在這個階段，為了實現目標，需要具體明示何時、何地行動的過程。例如，設定更多運動的目標時，具體寫下「早上六點半起床，穿著運動服在家門口的〇〇公園跑步」。正如之前所提到的，盡可能具體地確定時間和地點，從中選擇更方便的手段，是提高實踐可能性的祕訣。

第四，過程並行化、重複化階段。妨礙達成目標的障礙物有很多時，需要找出每個障礙適用的執行意圖方法。亦即，具體明示為了克服各障礙物，在何時、何地、如何行動。

最後，必須對進展情況進行監控。關注目標的進展情況，慶賀成功的結果，失敗時則需要展現努力學習的態度。未達成目標時，應確認是否有尚未解決的障礙，並集中精力制定追加的執行意圖策略。

自我效能

一旦做了就沒什麼大不了的

還記得二〇一六年里約熱內盧奧運會擊劍比賽嗎？在男子個人擊劍比賽中，經過一番拚搏進入決賽的朴相永選手，遇到的對手是匈牙利的老將伊姆賴．蓋佐（Imre Géza）。一直處於守勢的朴相永，好不容易將比分扳成平分，但由於對方老練的技術，分數又變成十：十四，也就是說，只差一分就會被擊敗。就在大家都覺得朴相永應該會輸的時候，他卻又將比數扳平，最後竟反敗為勝。

「是的，我做得到，我做到了！」反敗為勝實在是非常了不起，而當時第二局結束（分數為九：十三）後暫時休息時，攝影機捕捉到朴相永自言自語的場面，至今仍深印在民眾腦海中，有如電影畫面一般。雖然作為觀眾的我們當時無法相信，但選手自己卻深信不疑，他堅信自己能夠完成這場比賽，這種對自己能力的信念讓人動容。這種「與其屈服於對失敗的恐懼，不如相信自己能力」的信念，與心理學的「自我效能」（Self-Efficacy）概念相吻合。

心理學家亞伯特・班杜拉（Albert Bandura）所創的「自我效能」，是指個人對自己完成指定任務或實現特定目標的能力之信任。自我效能是決定人們接近挑戰、設定目標、應對障礙時非常重要的因素，一直都受到學界和大眾的極大關注，也有許多相關的研究結果。

在處理自我效能概念時，需要注意自我效能本質上不是指實際技術或能力的完成，而是指人們對這種技術和能力的「自信」，換句話說，即使實際能力不足，自我效能也可能會很高。

雖然能力不足，短期內可能會失敗，但自我效能高的人不會輕易放棄。透過持續的挑戰實現成長，最終創造成功的潛力就是自我效能。研究結果顯示，自我效能高的人即使經歷過失敗，也有快速恢復的傾向（這被稱為「復原力」（Resilience）），壓力、憂鬱、不安等負面情緒也會減少。

相反地，也有一些人即使擁有充分完成特定任務的客觀能力，但缺乏自我效能。「看吧，真正做了之後才發現也沒什麼大不了的吧」，「原來沒有想像中那麼難啊」……像這樣，事後才領悟到事情比想像中更值得去做，與其說是能力問題，不如說是自我效能不足。

為什麼有的人會有自我效能不足的困擾？過去的執行經驗、替代經驗、言語說服、感情狀態等許多要素，都涉及我們的自我效能水準。例如，過去的執行經驗是個人成功完成作業或克服障礙的經驗，那就是自我效能的主要源泉。透過這些經歷，會產生一種「既然曾經成功過，那麼再成功一次也不是不可能」的「成功DNA」。

有趣的是，自我效能也可以被別人所強化。當我們看到他人的成功或受到周圍人士的鼓勵和支持，也會提高自我效能。特別是看到別人成功後受到鼓舞，這被稱作「替代經驗」，但這種影響也有特定的條件。最有效的方式，是盡可能觀察與自己情況相似、實力相近的人的成功經驗，最能提高自我效能。

想像一下，如果看到和我成績相似的人成功，我們會想：「那個人都能做到，我為什麼做不到呢？」但是，若是在客觀條件上與我差距懸殊，例如我的數學能力在班上算中等，而同班有人參加世界數學奧林匹克競賽獲獎，這對提高自我效能沒有什麼幫助，反而可能經歷剝奪感，或是感覺與自己無關。

而以積極的情緒經驗或熟練（Mastery）指向性的接近姿態，也會影響自我效能的建構。熟練指向接近姿態，是指比起結果，更注重過程本身。也就是說，比起工作的成功和報酬，更追求在工作過程中獲得的快樂、成就感、興趣、成長等。

自我效能感之所以受到關注，是因為它是實現目標的重要變數，具有很高的應用潛力。實際上，自我效能不僅用在學習、教育領域，在生活各個方面也發揮積極作用。在產業、組織心理學領域中，有研究結果顯示，自我效能與職務滿意度以及職業成果有關，而自我效能高的人會更誠實地實踐運動、減肥、均衡飲食，拒絕吸菸或飲酒等負面行為，也更具有道德感和利他性。除此之外，自我效能與防止道德流失、幫助他人的「親社會行為」（Prosocial Behavior）的成長也有關。

自我效能在對自己的肯定信任方面，看起來與自我尊重相似，但是從心理學角度來看，兩個概念之間存在明顯的差異也是事實。

第一，自我效能具有脈絡依存的性質。例如，有些人對自己的專業技能有較高的自我效能，但對社會技術的自我效能可能較低。相反地，自我尊重是對自己價值的普遍評價，這代表人有多喜歡、接受、尊重自己的整體信念。

第二，自我效能主要體現在毅力、動力、恢復力等目標的實現上，而自我尊重則與心理健康有密切的關係，如整體生活滿意度、主觀的安寧感、正向情緒等。

那麼，有沒有提高自我效能的小祕訣？心理學家建議，創造小小成功經驗的工作非常重要。設定目標，制定現在也能實現的簡單計畫，例如「比平常提早三分鐘起床」、「飯後立刻洗碗」、「背五個英語單字」等，在自己認為沒有負擔的範圍內制定標準即可。而且，在達成目標後，最好給予自己實實在在的報酬。一般情況下，人只埋頭於目標，忽視給予自己報酬的過程，但只有具備「目標設定—任務執行—報償」的循環結構，才能發揮高自我效能的原動力。

心流

能夠發揮超集中力的技術

「心流」（Flow）是美國心理學家米哈伊・契克森米哈伊（Mihaly Csikszentmihalyi）提出的概念，是指沉迷於特定活動的狀態。乍看之下，心流似乎與專注力相似，但它被理解為「超越專注」的更高層次概念，因為它能帶來僅是專注無法體驗到的特殊感受。

首先，心流具有重新構成的力量。消除身體條件、時間或空間等變數、各種「雜念」（甚至對「我」的認知，從投入經驗的角度來看也是「雜念」），僅留下「只有任務才是世界的全部」這種感覺。換句話說，這種體驗讓所有的思緒高度集中並融合在一起，形成一種無法明確定義，卻極具沉浸感的心理狀態。

「投入」是有價值的體驗。雖然投入本身就非常有趣，但會帶來各種有益的結果，因此價值更大。

首先，投入將創意性和生產力極大化。以投入經驗為基礎行動的結果，是平時水準的努力很難獲得的，很有可能是充分發揮潛力的驚人程度。「我做到了」的欣慰、喜悅和充滿幸福的心情，也隨之而來。因此契克森米哈伊強調「心流才是直接關係到個人幸福的人生核心經驗」。不僅如此，心流還與控制感、動機密切相關。透過投入克服環境各種條件的經歷，讓個人感受到掌握自己人生的控制感，和無論遇到什麼情況都能做到的自信感。

心流與生活中我們看重的大部分價值有關。如前所述，心流體驗提供了任務中的成就經驗。而此時的滿足感與幸福相連。那麼應該怎麼做才能進入心流的狀態呢？契克森米哈伊提出了兩個最重要的條件，那就是「個人的能力水準」和「作業的難易度」。

適合產生心流體驗的最理想條件是中等能力水準（不是太好，也不是太差的狀態），還有比這稍微高的任務難度。其核心是讓人產生「再努力一點的話，說不定會成功」的感覺。

如果任務難度低於能力水準，我們很可能會覺得無聊。相反地，雖然能力水準較低，但如果任務難度大大超過水準，壓力和不安感會很大，說不定連嘗試也不願意。另外，即使能力水準和任務難度相似，但如果都是低水準，也不是產生心流的最佳條件。因此，要想邁出投入的第一步，首先要努力進行關於任務及今後如何打下基礎力量的探索工作。

雖然任務的難度和個人能力水準是心流的關鍵，但要想以此事實為基礎，立即引導投入經驗，還存在須克服的現實困難。研究心流的學者們強調，為了更容易進入心流狀態，必須進行刻意努力和訓練。以下努力可以幫助你體驗沉浸其中。

第一，更具體地定義「任務的難易度」、「個人的能力水準」。但遺憾的是，現實中的很多任務，難度和要求能力等往往無法絕對量化。因此，在參考類似的任務和其他人的經驗的同時，盡可能詳細地系統化任務的難度是很重要的。

能力水準也是一樣。需要反省過去自己的成功／失敗經驗，客觀化自己的實力。如果有必要，最好向了解自己的他人請求回饋，或接受能力測試等專業心理檢查診斷服務的幫助。

第二，心流**會讓人忘記各種環境的制約條件。但若能事先降低壁壘，有助於讓心流更容易發生**。在面對任務之前，如果心裡有一直擔心的事情，就調整優先順序，先解決那件事會有幫助。另外，透過深呼吸、冥想、整理心態等控制感情的過程，維持集中力的同時，還需要進行防止負面情緒妨礙投入的工作。

此外，完成任務的場所也會成為重要的變數，噪音最小化、適當的照明亮度、室內溫度、清掃及整頓狀態，都能幫助更快進入心流狀態。

第三，制定相應的報酬。雖然未來的成就和幸福等也可以成為誘因，但是馬上具體化的報酬能快速引導我們進入心流。好吃的食物、想買的東西等，盡量立刻準備好，盡快制定能讓人產生滿足感的報酬項目會有幫助。

「怎麼這麼麻煩？」許多人可能會產生這樣的感想。事實上，進入心流狀態絕非易事。如果以努力和訓練為後盾，可能會較常經歷，若非如此，在人生中很難經歷幾次真正的心流體驗。但可以肯定的是，考慮到心流的各種好處，投入時間和精力是非常值得的。

另一方面，技術文明的進步也會促進心流體驗。VR、AR、遊戲等投入資本設計的「經驗模式」，雖然對我們來說並不深奧，但提供了很多較為容易感受的沉浸感。例如，最近可以用手機輕鬆玩的所有遊戲，都具備了契克森米哈伊強調的心流條件。

首先是明確提出任務的難度和個人能力水準，傳達要求能力值、當前獲取能力值、等級等數值化的訊息。而且近來手機遊戲會提前預測用戶的成長曲線，適當調整挑戰的難度。每個階段都設定用戶培養自己角色能力的上限，同時提出用上限勉強打破的適當難度課題，誘導用戶投入體驗。雖然進入心流狀態並不容易，但在遊戲領域似乎是個例外，因為無論是過去還是現在，遊戲都具有很強的中毒性。

儘管如此，也不能不提及心流體驗的質量差異。遊戲中的沉浸體驗是輕鬆快捷的，但這是根據他人的設計製作，因此與「傳統」的心流體驗不同。在自己設計的心流體驗中，可以發揮個人的潛力，並期待相應的創意性成果。如果將投入的設計，即調整任務難度和能力水準的過程交給他人，而不是自己，那麼生產性及創意性的表現就會受到限制。在遊戲的心流體驗中，活動半徑被限制在他人設計的經驗結構內部，因此除了（設計的）更快成長、更多遊戲內在補償外，很難在實際生活中創造有意義的變化或感受到成長。

開發優勢

不要責怪缺點，要注重優點

我於二〇〇八年夏天入伍，記得入伍前一週，大學的學長學弟為我們幾個即將入伍的人舉行了歡送會。剛開始和往常一樣，大家都在談論學校生活，但氣氛達到高潮時，酒吧內開始播放歌曲《二等兵的信》（可能是其中一位學長事先拜託酒吧老闆的），服過兵役的學長們對即將入伍的我們提供了各種經驗之談和建議。

「入伍後只要達到中等水準就可以了。」雖然當時說了很多，但這是讓我印象最深的話。因為過於努力會受到周圍人的過分關心和嫉妒的視線，或者因負擔過重而感到疲憊。相反地，如果太落後也會被當作「須特別關注士兵」而遭到白眼，所以建議不要多做也不要少做，中等就好。

但是不久前我在進行招募諮詢時，再次想起了當時學長「中等就好」的建議。因為在設計、提議客戶公司招募選拔標準時，聽取了人事負責人的要求事項，「過於突出的應徵者是不是應該減分？」，「想找具備所有能力的人」、「不安、憂鬱、衝動等諸多特質中，只要有一項符合，就應該淘汰。」

招募方式大致有兩種，一種是「排除不合格者」（Screen-Out）。制定特定標準，對未達標準的應徵者全部進行過濾。另一種是「合格者選拔」（Screen-In），選拔對公司或職務最具備能力的人。前者是消去法，後者以選擇法進行。

但大部分公司傾向於選擇消去法。隨著就業持續困難，各公司都要審查很多應徵者，因此也有可能是出於不得已或方便的理由。不過，即使只是快速選拔少數人，公司的錄用策略也不會發生太大的變化。比起能力特別突出的人，普遍平凡、沒有棱角的人更受歡迎。首先選出「不顯眼」的人，然後從中選出分數稍微高一點的應聘者。結果公司內部聚集了差不多的人，變得很難找到具有自己獨特個性和長處的人。

有趣的是，企業內部人力的多樣性與企業的創意成果，有密切的聯繫。產業、組織心理學家透過相關研究解釋，企業成員的多樣性（國籍、人種、專業、性別等）越大，企業擁有的創意水準就越高，能讓具有不同背景和想法的人相互交流，產生協同效應。但是多數企業在人才上打著「創意」的旗號招募人才，不過真正具有自己個性、優勢的所謂「突出的人」卻很難被選拔上，最終很難營造創意風氣。

事實上，心理學界也經歷過類似的趨勢。在九〇年代中期，心理治療的目的還是找出個人的缺點，讓其恢復到「正常」水準。學習能力不足的人矯正學習習慣、安慰陷入憂鬱感的人、急躁的人透過冥想放鬆身心等，以這些方法努力打造「沒有棱角的人」。但是隨著「正向心理學」（Positive Psychology）的誕生，心理學家開始反省。之前心理學只把焦點放在消極方面，但這是最佳方式嗎？那麼，心理學界後來又發生了怎樣的變化呢？

第一，即使消極的一面矯正了，但也只是達到了「正常」的水準，這並不能保證優秀的成就或幸福。

第二，雖然每個人都有自己的缺點，但就像對應一樣，也開始關注自己的優點。心理學家對來諮商者投資的時間和費用有限時，是要先糾正缺點嗎？還是增加優勢？又或許開發優勢，確保生活的控制力和能力等，才是追求人生最終目標的必要過程吧？

心理學家們這才開始關注人類的優點。美國心理學家克里斯．彼得森（Christopher Peterson）和馬丁．賽里格曼（Martin E. P. Seligman）透過查閱大量文獻，提出了人類優勢分類系統「ＶＩＡ個人性格強項測驗」（VIA Classification of Character Strengths and Virtues）。他們認為，透過探索和開發各自的優勢，而不是關注人類的各種缺點，可以更接近幸福。那麼，ＶＩＡ分類體系包含哪些優勢呢？

ＶＩＡ分類系統由六個品德和二十四個性格優勢組成。六個品德分指智慧和知識（Wisdom&Knowledge）、慈愛（Humanity）、勇氣（Courage）、節制（Temperance）、正義（Justice）、超越（Transcendence），每個品德都有相應的細節優勢。

第一，智慧和知識包括創意性、好奇心、開放性、學習熱情、智慧；第二，慈愛包括愛情、親切、社會智能；第三，勇氣包括勇敢、毅力、真誠、活力；第四，節制包括寬恕、謙虛、慎重、自我調節；第五，正義包括公民意識、公正性、領導力；最後的超越，包括感性、感謝、樂觀性、幽默感、靈性。

對於尋找自己優勢的主張，通常會得到以下答覆：「我沒有什麼擅長的」、「不知道我能做什麼」，但優勢研究者所說的尋找優勢第一步，是認知轉換。每個人都有自己的長處，這個長處需要認知，才會越用越強。

如果不知道自己的長處，可以透過各種活動尋找。首先，從自己身上尋求答案是最容易嘗試的努力。生活中充滿活力，深深地埋頭於正在做的事情是什麼時候？當時具體做了哪些努力，取得了哪些滿意的結果？如果很難回答，可以接受心理學家開發的優勢心理測驗，聽取說明等專業幫助。不僅如此，還可以蒐集他人的回饋，整理自己的優勢項目。

理解自己的長處後，接下來就輪到練習了。首先需要的是探索最能發揮優勢的任務，不一定非得是偉大的任務，只要是能在生活中給自己或他人帶來滿足感的活動就足夠了。在日常中運用自己的優勢，不斷確認其價值，從而獲得自信，並重複這個過程；隨著自我優勢的開發，目標會自然而然地提高，同時獲得更大的滿足感，繼而形成良性循環。

手勢心理學

不要用腦袋解開，用手勢解開吧！

喜歡玩拼圖遊戲嗎？我經常玩拼圖遊戲，還會介紹給妻子或周圍的朋友，並在一旁觀看他們玩的樣子。看著看著，突然明白了每個人解謎的方式都不一樣。

首先，我在解謎題時主要使用心算。雖然筆記的方式也很好，但基本上不會用，而是在腦海中持續代入虛擬選項，尋找正確答案。但是另一位朋友卻與我不同，他更願意把自己的想法攤在眼前，他會運用手勢，一邊想像一邊用手在空中比畫，有點像隔空抓藥一般，就像「實際上」從多個角度觀察一樣，推論出正確答案。神奇的是，那個朋友解謎的實力很不錯，比默默在心裡思考的我好多了。

我們在說明時，常會不知不覺運用手勢，描述說明對象的外形或特徵，幫助說話的自然順暢。除此之外，雙手合十、伸出手掌、旋轉手等各種動作混合在一起，一邊說話一邊比畫。為什麼不能老老實實的說，偏要加上手勢呢？手勢有什麼意義？是單純地反映思維過程，還是有什麼我們不知道的功用？

其實心理學家早就開始關注手勢的意義了。根據研究結果，手勢具有「將腦海中發生的事件過程表象化的作用」、「作為一種非語言交流手段，向對方傳達拒絕、接受等信號的作用」、「添加強調作用或自然感，提高說話的說服力」等多種功能。特別是在學習心理學領域，研究人員更是關注手勢的活用能否幫助問題解決過程的可能性。

例如，心理學家朱明遠（Mingyuan Chu）和喜多壯太郎（Sotaro Kita）透過各種實驗，證明手勢的使用有助於解決要求空間感知能力的問題。在實驗中，參與者分成兩組，一組不可使用手勢，但另一組可以，並進行圖形推理任務（提示任意圖形後，在三度空間將該圖形旋轉N次，猜出會是什麼樣子）、摺紙（在N次摺疊的紙張的特定區間打孔後，再展開紙張，猜猜會是什麼模樣）。

實驗結果顯示，在允許使用手勢的那組中出現了多種手勢類型，例如，想像自己手裡拿著任務圖形，旋轉雙手，或用手指在空中畫圓來模擬圖形的旋轉等，出現了各種動作樣式，而這種姿態的運用對實際問題的解決也產生了積極影響；與無法使用手勢的那組相比，使用手勢這組的正確答案比率更高。

心理學家表示，手勢並非總是能解決問題的有效手段。根據任務的特性，動作有時反而會造成妨礙。

心理學家瑪莎．阿里巴利（Martha W. Alibali）與研究人員根據是否使用手勢，詳細探索了人們會如何使用來解決問題。他們將實驗的任務規範如下：

「想像四個齒輪是水平排列。如果最左邊的齒輪順時針轉動，最右邊的齒輪會怎麼移動呢？」參與者必須解決由四個、七個、九個、五個、八個、六個齒輪鏈構成的問題。

在這個實驗中，參與者也分為能用手協助和不能用手兩組。首先，不能用手協助的參與者，必須把手伸進黏在桌子的手套中；可用手協助的那組則不受限制自由使用手部，但腳也綁住無法移動（這是為了防止「腳部移動」這一變數對實驗結果產生影響）。

分析結果發現，允許用手的那組，參加者採取了更多的「知覺和運動技能」（Perceptual-Motor），在空中模擬畫齒輪的動作。知覺和運動技能包括將手依順時針方向轉動等模擬齒輪移動的手勢、像數齒輪一樣上下左右移動。

而無法使用手的參與者，則多利用「抽象」（Abstract）的方式，這是一種基於規則的推理，①認知第一個齒輪的方向，②計算齒輪的個數是偶數還是奇數，③推論最後一個齒輪的運動方式。

研究結果發現，比起「知覺和運動技能」，利用抽象策略的參與者（即無法使用手的參與者）的執行成果更好。換句話說，「知覺和運動技能」利用手勢的模擬，反而妨礙解題過程。所以根據任務內容，抑制手勢的使用，將目光轉向其他解題策略，反而對提高執行效果更有幫助。

在解決某些問題的過程中，不只是知識、努力等因素會影響，正如對手勢的各種心理學研究顯示的一樣，非語言特徵可能會影響解決問題的過程，例如我們在沒有意識的狀況下使用手勢。特別是在空間感知力等需要想像力的任務中，可以建議使用手勢，而在運算、邏輯推理等重要的課題中，手勢則反而會產生負面影響。

成長型思維

不斷挑戰的人們的心理

「想拿到上億年薪」、「想快速升職」、「想住在高級公寓」、「想和具有魅力的人交往」……以上都是一般經常聽到的「夢想」，這些回答的共同點是什麼？就是把焦點放在能力或者努力的「結果」上。

「我想成為比昨天更好的自己」、「想成為比現在更專業的人」、「想成為比現在更成熟的人」……這些就是把焦點放在「成長」方面的回答。但單純地將「成長」本身作為目標的人並不多。「如果比現在更成長，就能賺很多錢，也能得到人們的認可。」像這樣將「成長」視為手段、透過成長獲得「結果」，是大部分人的真實想法。

「結果」和「成長」是同義詞嗎？有人說兩者無法明確區分，追求結果就是成長過程；如果追求成長，結果也會隨之而來。心理學家也同意兩個目標之間存在某種程度的重疊。但是仔細想想，結果和成長並不總是伴隨的，如果完成了不符合自己實力、過於簡單的任務，即使結果很好，也有可能對成長沒有幫助。或者，如果某項任務的成敗取決於偶然的機會或變數，即所謂「老天幫忙」而得到好的結果，那麼在這種情況下，對自身成長可能沒有幫助。

另一方面，即使結果不好，也有獲得成長養分的經驗。特別是樂於挑戰困難課題的人，很容易經歷這種過程。提出「心流」的心理學家契克森米哈伊以這樣的理由，強調心流的條件就是成長的條件。因為想投入其中，必須承擔適當難度的任務。

那麼，目標應該放在哪裡呢？是結果還是成長？對於這個問題，每個人都有不同的意見。首先，重視結果的人喜歡一句話：「專業人士只能用結果說話」、「勝者全得」（Winner Takes It All）、「歷史是贏家的紀錄」等，這些話應該聽過吧？即使不同意這些話，有相當多的上班族也是一半為自己、一半為別人，把焦點放在結果上工作。

每年年初，許多公司都會根據個人、組織建立「核心成果指標」（Key Performance Indicator）。核心成果指標通常由「銷售額達到〇〇成長」、「確保顧客數達到〇〇〇名以上」、「離職率在〇〇以下」等容易評價和列出排序、量化的目標構成——這種目標設定方式自然而然地強制勞動者的目標指向性，比起成長過程，更注重結果，如果無法創造結果，就得不到良好的考績。但是心理學家建議，以結果為主的目標設定方式並不理想。

心理學家卡蘿．德威克（Carol S. Dweck）提出了「心態」（Mindset）的概念，並建議比起結果，將焦點放在成長上，不僅有利於心理健康，而且從實際利益的角度來看也更有利。具體來說，心態可以分為「成長型思維」和「固定型思維」（Fixed Mindset），透過研究證明了擁有成長型思維，即把焦點放在任務的過程和學習、成長上面的人，比只把焦點放在工作結果上的固定型思維的人發展速度更快，長期成果也更優秀。

擁有成長型思維的人相較於固定型思維的人，更積極地面對挑戰經驗。他們不僅能從挑戰中學習，若挑戰成功，還能獲得經濟回報或榮譽等可見的成果。當然，挑戰可能是一個痛苦的過程，伴隨著失敗的可能性。但研究結果發現，擁有成長型思維的人不太害怕失敗，承受壓力的力量也很大，從失敗的經驗中恢復的速度也更快。具有固定型思維的人傾向於避免挑戰，他們害怕失敗，但因為想迴避失敗的想法太強烈，所以會以人為方式捏造成果，比如只做出表象的成果。

因此，具有成長型思維的人更有利於適應和學習。雖然短期內可能沒有成果，但由於追求持續發展，所以把時間拉長，會比擁有固定型思維的人更容易實現更大、更高的目標。相反地，具有固定型思維的人傾向於減少失敗經驗並做出安全選擇，因此短期內可能有利於成果得到認可，但是從長遠來看，由於不謀求發展，所以很可能落後於成長型思維的人。

如何具備成長型思維呢？為了找到這個問題的答案，必須觀察成長型思維和固定型思維從哪裡產生。可以關注以下問題：「人的能力是變化的對象還是不變的對象？」、「人的能力可以後天開發嗎？如果可以的話，能做到什麼程度呢？」

卡蘿·德威克主張，每個人對「能力的變化可能性」都有「內隱理論」（Implicit Theory）的表現。實際上，能力受到遺傳的影響有多大、可以開發的學習範疇在哪裡，這些並不重要。相較之下，根據人們對此抱有怎樣的「信念」、執行任務的樣子、挑戰的態度、對失敗的反應、目標設定方式等也會有所不同。相信能力變化可能性的人，很有可能擁有成長型思維，即使現在能力不足，也相信只要努力就能成功，所以要更加努力挑戰，努力學習過程，不拘泥於可視性成果。即使經歷失敗，只要自己不是一無所有，也不會太沮喪。

但是，相信能力是固定的人，則與固定型思維相關聯。如果天生具備優秀的能力，當然是幸運的，但如果不是這樣，那麼就應該成為「適合自己身分的人」。即使嘗試超越能力範圍的工作並失敗，自己的不足之處將會暴露，甚至無法藉由「下次提升能力，做得更好」的信念來辯解。因此，這樣的人會盡量避免面對考驗自己能力的情況，並將注意力集中於那些能安全產生成果的任務上。

記住，重點是對變化可能性的信念。心理學家透過實驗證明，透過指導具備成長型思維是可能的。具體來說，定義成長的意義，回顧自己過去的成長經驗會有幫助。另外，為努力賦予更多的價值，不斷記錄成長的習慣也會有所幫助。

創意

沒有創意不是我的責任

「培養創意」、「創意性教育」這些詞語並不陌生。每個人都知道創意很重要，並思考如何成為有創意的人。除了購買有關創意的書、聽開發創意的課程、努力模仿那些具有創意的人的習慣，學校也在啟發創意教育上傾注了很大的努力，公司招募也打著創意的旗號，努力找尋具有創意素質的人才。

然而，在我們對待創造力的方式中，隱藏著一個重要的前提：創造力是一種個人的能力，並且能透過後天的努力在一定程度上提升。至於創造力的範疇中，哪一部分屬於與生俱來的天賦，哪一部分來自後天的學習成果，這取決於個人對此的看法。然而，多數人認為創造力是一種內化於個體的能力，類似智力等其他天賦。早期研究創造力的心理學家對此的看法也大致相同。

心理學家對初期創意的定義是「產出很多新事物並懂得應用新事物的個人能力」。換言之，創意的核心要素可以分為「獨創性」、「流暢性」、「精緻性」。

首先，獨創性是指提出現有事物中不存在的、新的東西的能力；流暢性則是指能夠產生大量想法的能力。需要注意的是，流暢性與想法的質量無關。它強調的是在限定時間內能提出多少想法，著重於數量；最後，精緻性是指從提出的各種想法中篩選出更好的，並修改成現實的能力。定義能夠體現想像中創意的技術履歷、制定具體行動計畫、研究侷限性等要素都包含在精緻性中。

心理學家還思考了提高創意的方法。例如德國心理學家鄧克（Karl Duncker）提出，如果克服「功能固著」（Functional Fixedness），就可以創造出獨創性。以下簡單介紹鄧克的著名實驗。

研究人員給參加者發放一盒火柴、一個圖釘盒和一個蠟燭後，要參加者將蠟燭貼在牆上避免掉到桌子上。這時，大部分參加者都試圖用圖釘將蠟燭固定在牆上，或者點燃蠟燭後，利用燒熔的蠟將蠟燭黏在牆上。

但是部分「有創意」的參加者卻不同，他們把圖釘盒子當作燭臺使用，用圖釘把盒子固定在牆上後，在上面放蠟燭，以此解決了問題。為什麼大部分的人沒有想到這樣的方法呢？

鄧克將這個問題歸因於對圖釘盒的功能固著。因為只固定在裝圖釘的原有功能上，所以沒有想到將圖釘盒用於其他用途。就像證明這一主張一樣，在其他實驗中還觀察到，收到空圖釘盒的人與收到滿滿圖釘盒的人相比，解決問題的可能性更大。

但創意只是個人能力嗎？其他因素會不會影響創意的判斷呢？曾經有過這種疑問的心理學家，開始關注創意的社會文化背景。

判斷創意的主體是誰？第一判斷主體當然是自己（當然，如果仔細考慮自己的判斷標準是從何學習而來，是否完全是自己的標準仍然值得質疑）。但是為了讓創意的成果發光，必須說服別人，並得到他們的認可。更進一步，即使某個成果極具獨創性，如果未能恰好迎合當時的時代背景，這樣的創造力也可能不被認可。

這在文化藝術領域是司空見慣的。許多藝術家在生前未能獲得作品的價值認可，甚至過著貧困的生活，但在他們去世後，這些作品的價值才重新被發掘和認識。從這樣的情況來看，創造力不再僅僅是個人的事情。雖然創作的過程本身可能是個人的努力，但對創造力的判斷往往會受到社會文化背景的影響。我所寫的「創意」小說，對某些人來說可能是陳腐的內容，而我曾經認為是失敗的小說，卻可能對某些人來說是新穎的題材。

因此，強調創意的社會文化背景的心理學家，會運用「協議評價法」、「歷史測定法」等方法，來研究「在特定時期產出的成果」究竟有多具創造性。

首先，根據協議評價法，指依賴多數表決來調查相關業界專家對產品的評價如何，綜合評價結果的方法。歷史測量法是以文獻資料為基礎，根據各種產物中哪些產物占據了最多版面、被引用最多或實際應用次數最多等，來評價其創意程度。儘管細節不同，但這些方法所蘊含的創意定義是共同的。創意並非完全是個人的能力，而是經過時代和社會的評價、接受過程才能完成的。

心理學家契克森米哈伊也同意創意的這種觀點，定義了參與創意發現過程的三個主體，其中包括「創造者」（Creator）、「場域」（Field）和「領域」（Domain）。**第一，創造者與個人的內在動機、氣質、性格等有關。**例如具有誠實性（Conscientiousness）、對經驗的開放性（Openness To Experience）性格的人，很可能有利於創造。

第二，場域是幫助創意性計算、評價、支援社會流通的主體。出版社之於作家、廣告公司之於廣告文案，就是這樣的作用。

第三，領域負責圍繞產品的社會文化知識和背景。廣泛認可的產物成為特定時代的知識，成為常識。像智慧型手機一樣可以改變整個生活，這種創意技術可以為其他創造者的創意產物形成打下基礎。

最後，隨著社會的高度文明化和產物的複雜化，還必須考慮創造單位不是個人，而是擴大到團隊或組織。事實上，大部分的創造過程都是需要多數合作、集體努力的產物。例如為了製作電影，導演、作家、工作人員、演員、評論家等多個主體的合作是必不可少的。製作有規模的遊戲也一樣，需要企畫者、開發者、設計師等許多專家的合作。

因此，今天的創造力教育不僅僅是為了個人，而是需要擴展到團隊或組織層面的教育。這就是為什麼在腦力激盪、敏捷技術（Agile）、人事領域、OKR（Objectives And Key Results，目標與關鍵結果）、促進技巧（Facilitation）等，都是為了提高集體工作流程的效率、推動創新而持續受到重視的原因。

心理檢查

聰明運用心理檢查的方法

「我到底是誰？」這個問題不正是青春期的象徵嗎？心理學家認為，人類在形成自我認同並成長為獨立成人的過程中，正是在尋找「我到底是誰？」這個問題的答案。

我在經歷青春期時，也多次問過自己這個問題。但是老實說，在青春期已經過了一段時間後，我還是沒有找到答案。隨著年齡的增長，明明累積了有關「我」的數據，但反過來又很難回答「我是誰」這個問題。但是，「這地球上到底有多少人對認同感有明確的答案呢？」這也許是一輩子都無解的問題。

心理學家艾瑞克．艾瑞克森（Erik Homburger Erikson）解釋：「透過心理社會發展理論，人類一生都在發展認同感。」根據他的理論，自我理解的工作在老年期也不會結束。要回顧自己的生活並進行反省，接受這些，達到「自我統整」（Ego Integrity）的境界。青春期的認同感探索未完成，也許是理所當然的事情。

但是，不能因為是一生的任務，就忽視對整體性的探索。人類本質上追求知識，雖然對他人的了解、對世界的了解也很重要，但在此之前，有一種想知道自己是誰的本能。這種本能正式甦醒的時間是青少年期，甚至直到老年期，這種本能都不會消失。

學生們想：「我喜歡什麼呢？」、「我擅長做什麼？」、「我是什麼樣的人？」、「為什麼會喜歡這樣的活動？」上班族也在想：「這個工作適合我嗎？」、「如果繼續在這個行業工作，我會滿足嗎？」、「我能做好什麼工作呢？」、「如果創業，會適合我嗎？」、「適合我的人生規畫是什麼？」、「我希望過怎樣的生活呢？」雖非刻意，但是有關「我」的問題總是接連不斷。

那麼應該如何探索「我」呢？很多人認識到探索認同感的必要性，這是本能。如果追究如何理解認同感的具體方法，就會開始頭疼。因為應該提出「我是誰」的問題，但這個問題太哲學、太深奥、太複雜了。

遺憾的是，我們都不是哲學家，無法像哲學家一樣思考、考察、探索。如果沒有專業的學習和訓練做後盾，光是自己透過思考追求領悟的旅程並不容易。但幸運的是，即使我們無法成為哲學家，也有持續探索認同感的有效方法，那就是藉助「心理檢查」的力量。

雖然現在認知上有了很大的改善，不過以前一提到心理檢查，很多人就會想到在網路或雜誌上常見的「心理測驗」。心理測驗是沒有科學根據，只是以趣味為目的製作的內容，因此，將這些心理測驗誤認為正式的心理測試，會導致對心理學這一學科的科學性產生懷疑，這也帶來了不少副作用（因此大多數心理學家對心理測驗不以為然）。心理學家建議，如果想接受心理檢查，一定要確認是否是科學上信賴度和妥當度得到驗證的心理檢查；沒有進行科學驗證的心理檢查，就與沒有進行臨床試驗的藥物一樣。為了使心理測試正式發揮作用，必須在實際中針對不同人群進行測試，並透過高度統計的方法學證明測試的結構和有效性。

那麼，為了更有效運用個人心理檢查，應該怎麼做呢？首先，要考慮到大部分心理檢查都是由被檢查者自己回答問題的「自我報告」（Self-Report）構成的。自我報告式檢查由於方便易評分，傳統上備受矚目的檢查形式，但存在受主觀性影響的侷限性。因此，根據被檢查者的態度、當天的狀態、心態等，檢查結果也會有所不同。那麼，為了最大限度地排除主觀性，應該採取什麼樣的態度呢？盡可能坦率地接受檢查的同時，最好不要對每一個問題花費太長的時間。將平時自己的樣子原封不動地、自然地展現出來，坦率地回答才是獲得更準確檢查結果的方法。

另外，在自我報告式檢查中，還存在有可能發生「參考團體」效果（Reference Group Effect）歪曲的潛在問題。參考團體效應是指被檢查者在回答檢查問題時，在腦海中設想並回答不同的比較群體時，可能發生的檢查結果歪曲。特別是像「與其他人相比，我認為我的頭腦比較好」

一樣，以跟他人比較為前提提出的問題，很有可能受到參考團體效果的影響。如果具有中等成績的A在回答這個問題時，把成績最好的朋友作為參考團體進行回答，很有可能回答「不是」、「完全不是」；相反地，如果把成績墊底的朋友作為參考團體，回答變成「是」、「絕對是」的可能性就會增大。

也就是說，在進行自我報告式檢查時，在腦海中如何組成自己要比較的參考團體，會影響檢查結果的準確性，因此有必要記住以下兩點。首先，盡可能想起對大部分問題一貫的參考團體；其次，比起特殊背景的團體，盡可能假設與平凡的其他人進行比較並回答，會更有幫助。

檢查完後怎麼辦？事實上，即使說心理檢查的真正效用在於對檢查結果的解釋和探索也不為過。「我是ENTJ（MBTI性格檢查類型之一），你是什麼類型？」很多人收到檢查結果後，會先和周圍的人比較一下檢查結果，然後和談得來的對方繼續閒聊，不久後，檢查結果報告就被扔掉或丟在書架上，遭到遺忘。

但是要記住，如果只看完結果就蓋上報告，不管是成長還是自我探索都不會發生任何變化。透過專家接受諮詢解釋，或自己反覆思考檢查結果，制定下一個行動計畫，才能說是在探索認同感的任務上向前邁進了一步。通常，當自己認為的樣子和檢查結果所說的不一致時，很容易忽視這一部分，但這種不一致才是擴大對認同感理解範圍的關鍵，因為這個瞬間，可能就發現了自己未曾察覺的新面貌。

樂透選擇實驗

一旦「選擇」，無論什麼都會變得有趣

河豚要怎麼吃呢？眾人所周知，河豚是一種具有劇毒的魚類。人怕死，害怕毒蠍子、毒蛇等是本能的反應，河豚也不應該例外，但人類不斷挑戰河豚，最終成功將河豚作為食材，到底是為什麼呢？

對於這個問題，我大膽地主張是人類的「好奇心」作祟。第一次嚐到河豚滋味的人，逃不了一死，但是無法忘記河豚的迷人味道，臨死之際也會告訴其他人河豚太好吃了。聽到這個故事後，一定有人被強烈的好奇心所吸引。因此，他也接觸河豚，重複了同樣的過程，也重複了有人懷著好奇心挑戰的試驗，所以現在的人才有可能征服河豚。

好奇心是引導人類思考和行為的強大動力。好奇的學生學習不會懈怠，會表現出更好的學業成就。關心自己職務和經歷的上班族，在下班後也會努力自我開發，從而提高自己的市場價值。

好奇心也是人類文明發展的原動力，曾經關注過無數自然現象的人闡明科學原理，留下了無數觀察、技術和實驗結果，並發展若干知識和理論，這些知識和理論是高科技文明發展的基礎。總而言之，好奇心就是發展，所以人們並非無緣無故呼籲要培養孩子們的好奇心。

好奇心是如何形成的呢？第一個答案可以在我們內部找到。許多學者都假設好奇心是人類的本能，如果我們的人生可以用一句話概括，那就是「知道、經歷、學習、領悟」，這就是人生的旅程。向多方面延伸的好奇心成為價值觀和信念，成為嗜好和關注對象，為我們思考和行動指明方向。

另外，性格心理學家還發現人有一種屬於好奇的性格。根據「五大性格特質」，人的性格可以歸結為經驗開放性（Openness to experience，以下簡稱開放性）、盡責性（Conscientiousness）、外向性（Extraversion）、親和性（Agreeableness）和神經質（Neuroticism）五種因子，在這五個因子中，開放性與好奇心連結最密切。

開放性是指個人接受新的經驗和想法的程度，開放性較高的人通常好奇心較旺盛，冒險性較強，而這一特質較低的人則傾向習於日常和熟悉的事物。此外，高度開放性的個體往往對模糊和不確定性更加寬容，這可以透過鼓勵他們探索不同的觀點和可能性，來進一步激發好奇心。

但是好奇心也會被外部條件誘導，最具代表性的例子就是「廣告」。象徵資本主義的廣告產業，本質上是以大眾的好奇心為養分；廣告文案、營銷人員等，是製作廣告時思考如何才能引起人們好奇心的專家。

當你觀看電視劇或綜藝節目時，有沒有發現，大多數電視劇總是在最精彩的瞬間結束一集？隨後，剪輯過的刺激預告片進一步激發了我們的好奇心。例如，當公開選秀節目進行到總決賽時，最終優勝者從來不會立即公布。他們可能會宣布「六十秒後揭曉」，然後拖延時間，或者不直接公布冠軍，而是用「到底是誰呢？」、「得獎者是——」、「那就是～」這類語氣詞來拉長懸念。這些技巧頻繁使用，目的就是為了抓住觀眾的好奇心，讓人忍不住繼續關注。

但心理學家的研究發現，好奇心可以透過簡單的方法誘導。心理學家解釋說，核心是讓對方選擇某種東西，在某種情況下，當給予多種選擇時，如果我們選擇其中一種，自然而然地引發出對選項的好奇心。甚至即使原本不關心，只要引導出行動上的選擇，好奇心也會引發出來，這是非常有趣的現象。

心理學家帕特里夏．羅梅羅．維爾杜戈（Patricia Romero Verdugo）與團體一同進行實驗。他們先給每位參與者各兩種「彩券」。彩券對應的是貼有標籤的玻璃瓶，每個玻璃瓶內都混合一定數量的紅色珠子和藍色珠子。每個珠子都標有十到九十的數字，參與者可以獲得與自己選擇的玻璃瓶（彩券）中的珠子數總和相對應的獎勵。

在實驗中，參與者必須在兩種彩券中選一種，只有部分參與者能自己選擇（優選——選擇條件），其餘參與者則經由亂數隨機挑選，而非自己直接選擇（非偏好——非選擇條件）。實驗有兩個重點，一是在選擇後詢問參與者對結果的好奇心（實驗一），再計算實際結果出示之前可以忍耐多長時間（實驗二）。

研究結果顯示，與獎勵大小無關，參與者自己可以直接選擇的條件下，對彩券的好奇心更大。另外，親自選擇彩券的參與者會欣然參與觀看彩券公布結果，表現的耐心度比較高。

有趣的是，隨機選擇的那組，如果抽到的彩券是自己原本就想要的，好奇心會比較高，如果不是自己預想的那張，好奇心就會減少。於是研究人員又增加了一個條件，即「偏好——非選擇條件」，就是參與者在A和B彩券中表示希望拿到A，透過隨機選擇獲得A的參與者，比自己直接選擇A的參與者，對彩券的好奇心更低。

讓我們總結一下，好奇心不能只用對經驗的開放性等內在特徵來解釋。以情況的力量誘導好奇心是可能的，不管結果如何，單純讓當事人有「選擇」的感覺，就能引發好奇心。

如果想在日常生活中誘導自己好奇心的話，就先隨便選一個吧！如果想享受最有趣的體育比賽，就先挑選自己要支持的球隊。因為以中立的立場觀看比賽，與支持某隊的立場觀看比賽，在集中度和好奇心方面有很大的差異。當你決定支持哪一隊的瞬間，就會自動產生各種「好奇心」，像是還有哪些選手、各選手的優缺點、該隊的前景如何、下一場比賽日程……等。

在這世上變聰明的方法

想改善自己購物狂的行為？
擺脫自我決定性的孤獨？
讓你不再受限於刻板印象，掌握心理時間觀，
在人生道路上做出更明智的選擇！

CHAPTER 5

巴德爾邁因霍夫現象

最近老是聽到或看到某物的理由

「這個東西這麼普遍嗎？」、「以前都沒發現，原來周圍有這麼多啊」……有沒有這種經驗？買了個以前沒注意的東西回來，這才發現周圍很多人都有；或是對植物產生興趣之後，才發現平常散步經過的路邊，開滿了各式各樣的花。

通常在經歷某種新事物後，會突然意識到在我們周圍常常出現。這在心理學上稱為「巴德爾邁因霍夫現象」（Baader Meinhof Phenomenon），也稱「頻率錯覺」（Frequency Illusion）。

「巴德爾邁因霍夫現象」的名稱，源於一九九〇年代中期發生的一連串偶然事件。某人投書到一個網路論壇，說他第一次聽說有個惡名昭彰的德國極端主義團體叫「巴德爾邁因霍夫集團」，奇怪的是，後來的幾天內，他在書籍、廣播及日常對話中不斷看到、聽到這個團體。他在論壇上分享自己的經驗，沒想到馬上收到很多迴響，許多網友一一分享類似的經驗，於是這個現象就被命名為「巴德爾邁因霍夫現象」，語言學家、心理學家也開始對這種現象進行研究。

「巴德爾邁因霍夫現象」的核心，是我們剛剛接觸到的新訊息，好像突然出現觸目所及的一種「錯覺」。也就是以前對我們來說陌生的概念，在意識到之後，出現的頻率似乎會大幅激增。這個現象可以由心理學中的「選擇性注意」（Selective Attention）和「確認偏誤」（Confirmation Bias）來解釋其原理。

首先，選擇性注意是指當我們周圍出現無數刺激時，會選擇性地對某些刺激做出反應的能力或過程。舉例來說，就像在社群網站上常用的主題標籤（Hashtag）「#」。當我們學習新事物，或出現了感興趣的對象時，我們的大腦就會給它一個表示重要的標籤，讓我們在日常生活中能更頻繁地察覺到。

如果選擇性注意朝特定方向強化自己的態度、信念，就可能會引發確認偏誤。確認偏誤意味著我們更關注支持或重新確認現在信任的訊息，而忽視其他不符合信任的訊息。第一次接觸新事物後，看到或聽到新事物的頻率增加（選擇性注意），即使不是事實，為了確定對自己的信任，於是就把焦點專注在相關訊息上（確認偏誤）。

此外，認知心理學的「近因效應」（Recency Effect）也可以看作是理解巴德爾邁因霍夫現象的重要原理。近因效應是指各種訊息出現時，最後接觸到的訊息會留在記憶中成為印象。也就是說，最後一個知道的訊息，最容易留在記憶中，因此很容易形成巴德爾邁因霍夫現象中的選擇性注意的對象。

巴德爾邁因霍夫現象在各個領域都具有實用意義，在行銷領域常用的方式之一，就是讓人覺得「大家都在用，只有你不用」（這也被稱為「錯失恐懼症」（Fear Of Missing Out, FOMO））。本來平時完全不在意的東西，環顧四周後發現除了自己之外，其他人都在用那個產品；到處都聽到人們在談論那個產品，如果我沒使用的話，好像就跟不上大家了。然而實際上，那個產品並沒有那麼受到歡迎，但我們會選擇關注擁有該產品的人，因此就形成巴德爾邁因霍夫現象。

除此之外，巴德爾邁因霍夫現象還可以用在公益廣告或活動中。透過「新訊息」告知平時大眾沒有注意到的安全問題、疾病防範等，誘導巴德爾邁因霍夫現象發生，讓人們意識到危險性，進一步積極預防。

「原來世界如此美麗啊。」我經常騎自行車到處走。在把自行車當作愛好之前，我所看到的世界感覺比較單調，每天重複往返家和職場的生活中，所見所聞和所經歷的一切都只是熟悉的事物，幾乎沒有任何新奇或令人驚奇的東西。偶爾透過公車或地鐵的窗戶望向周圍，也感覺不到什麼特別的感動。因為我的眼睛看著風景，心卻停留在家或職場裡。

愛上騎自行車之後，我開始放鬆地環顧周圍，看待世界的觀點也慢慢改變，發現以前從未留意過的風景，彷彿在黑白世界裡上色，這才發現這世界上有這麼多不同的面貌。各式各樣的店鋪、人們穿著五彩繽紛的衣服，沿著江邊騎自行車，沿途的花草、鴨子、鳥、各種昆蟲是多麼豐富多彩，讓我發現了許多以前不知道的新事物。

巴德爾邁因霍夫現象能激發我們對日常中常被忽略，但實際上擁有極其重要意義的事物產生全新的關注與啟發。韓國有句諺語說：「晚學會的小偷不知道天亮」，意指對很晚才接觸的事反而容易沉迷上癮、欲罷不能。新的體驗可以帶來新的滿足感，豐富我們生活的世界。遇到能與我分享快樂的人，自己也能成為讓他們感受更大快樂的媒介。各位最近有什麼新的體驗嗎？準備好讓你的世界更多彩多姿了嗎？

補償性刻板印象

為何孬夫心術不正，興夫善良

有線電視臺播出的週末劇、晨間劇中，通常都有典型的構圖和描述。像是兩個大家庭登場，一邊是有錢人家、一邊是平凡，有時甚至是接近貧窮的家庭。

有錢人家的成員，必須是挑剔又冷酷的角色，通常會有對傭人頤指氣使的中年夫人、事業做得很大但冷酷無情的老爺，以及沒有禮貌又自私自利的子女們。

另一邊呢？首先，平凡乃至貧窮的家庭，十有八九被設定成和睦又溫暖的家庭（當然偶爾也會出現長年在外遊蕩、看起來很叛逆的叔叔角色，當然，本性還是很善良）。這家人和有錢人家不同，吃飯時全家人圍坐在客廳裡，很親熱地邊吃邊聊。因為經濟狀況困難，常遇到一些麻煩，但仍充滿人情味，雖不富裕卻樂於與鄰居互相分享、互相幫助，個個心地善良。

這家的孩子呢，也都是好孩子。雖然家境清寒，但即使周圍的人（通常是有錢人家的孩子）瞧不起他們，也不會自慚形穢，勇敢面對困境。對大人恭敬有禮，為了未來腳踏實地的努力，雖然偶爾闖點小禍，但仍是規規矩矩的生活。這些出現在電視劇中的典型描寫模式到底是怎麼來的呢？

社會心理學家大衛．凱伊（David Kay）和約翰．約斯特（John T. Jost）指出，兒童經常閱讀的童話書中經常出現「窮人正直、富人狡猾」的模式，這種「補償性刻板印象」（Complementary Stereotype）具有平息弱者或未擁有的反抗心理。補償性刻板印象，是指同時提出特定對象的負面特性和正面特性形態的固有觀念。根據他們的研究顯示，暴露在補償性刻板印象中的人，會比一般未暴露在補償性刻板印象中的人，更相信現在生活的世界是合理且公正的。

如果改變刻板印象，變成「窮人狡猾，富人正直」，結果會怎麼樣呢？這種「非補償性刻板印象」反而會引發對現在社會的不平等意識。因為人們會認為「一邊全都拿走了，不公平」、「貧窮應該要善良，有錢人就是壞心，這樣才算公平啊」。

大衛．凱伊和約翰．約斯特表示，除此之外，還有像「外貌醜陋、內心善良；美若天仙、心如蛇蠍」、「弱者善良、強者兇惡」等各種刻板印象。這些訊息透過各自的邏輯和例子，形成平息人們對不平等不滿的作用。

除少數「有錢人」外，大多數人偏好補償性刻板印象。因為即使貧窮、外貌不揚，也有可期待擁有的優點。反過來說，人們也想從擁有一切的人身上找到缺點。正因如此，童話、電影、電視劇、小說等各種創作媒體，不斷利用這些補償性刻板印象，企業家被塑造成無奸不成商，平凡的藍領被刻畫成善良老百姓，這些我們都已經非常熟悉。

人們為什麼喜歡補償性刻板印象呢？為了解釋這一現象，心理學家提出了「公正世界信念」（Belief In A Just World）和「系統合理化理論」（System Justification Theory）。

首先，公正世界信念是心理學家梅爾文・勒納（Melvin Lerner）提出的理論，內容是人們希望相信生活的世界被正義、公平、有秩序的原則支配，存在一種認知的偏見。

具體來說，人們相信善良的行為最終會得到補償，惡行會受到懲罰，亦即「善有善報、惡有惡報」、「事必歸正」、「因果報應」。人們透過想像正義的世界獲得安全感和對世界的信任，善良誠實的生活，「總有一天會得到補償」的期待讓人們感受到對自己和世界的控制感。

而系統合理化理論則是假設人們想維持目前的系統、制度，並有將其合理化的心理需求。根據該理論，在目前的制度、政策對自己不利時，人們仍傾向於將其視為公平、合法且理想的。因為比起接受世界本來就無秩序、不合理的現實，即使稍微不公平，但透過現在的系統、制度、規則維持秩序，擁有穩定感更重要。總之，補償性刻板印象成為支持世界公平以及系統合理化錯覺的證據，因此，人們表現出偏愛補償性刻板印象的現象。

但是，心理學家也指出，包括補償性刻板印象在內，對公正世界的信任可能會導致「指責受害者」的負面結果。例如，堅信世界本質上是公平的人，當他人遭受犯罪等不幸事件時，可能會合理化地認為受害者一定做了某些應得此報的事情；因為如果承認不幸的事情會平白無故發生在任何人身上，安全感和秩序就會動搖。

此外，如果堅定認為「世界是公正的」，反而會加深社會不平等。補償性刻板印象正是讓人產生世界很公平的這種「錯覺」。

心理學家建議，我們應該持續關注「反對證據」。在客觀現實中，確實存在善良的弱者與邪惡的強者，但同樣也存在邪惡的弱者與善良的強者。從本質上來說，善與惡、強和弱是需要分開處理的問題。即使貧窮，只要保持堅強開朗就可以，這是不對的。我們應該學會區分他的貧窮是源於個人原因，還是由於社會結構和制度的問題，並以此態度去分析和理解。

韓國作家崔圭錫的網路漫畫作品《錐子》中的主要角色——勞動諮詢所所長具高信，在為勞動者進行教育時說：「不是為了守護在邪惡的強者底下的善良弱者，而是為了微不足道的弱者與微不足道的強者戰鬥。」這種打破「善良的弱者，邪惡的強者」這一補償性刻板印象的認識，與對現實的客觀觀察和反思緊密相關。只有超越那些刻板印象，才能聽到被刻板印象蒙蔽的各自原本的故事。

購物狂

用不到卻買不停的心理

我和朋友D都非常喜歡線上遊戲，所以平時經常聊天，從新遊戲上市情報到已發行遊戲的評價，我們會聊各種遊戲。但令人意外的是，每當我問他最近玩什麼遊戲，他總是回答「我沒有玩。」若問他為什麼不玩，他總說雖然很喜歡，不過下班後身心疲憊，只想躺在床上耍廢。

但是在我認識的朋友中，沒有人像D一樣在遊戲上花那麼多錢。只要有新遊戲上市，他一定第一個買，連周邊設備如控制器、主機等也是必買清單。若是特定節日或商店大打折時，他會拿出存款大肆購買。我問他「你不是不玩嗎？為什麼要買？」，他總是回答「不知道，總有一天會玩吧？」、「雖然沒時間玩遊戲，但現在如果不買，會一直掛在心裡」。

事實上，在我們身邊經常可見不斷購買及囤放「用不到的東西」的人。有人對運動十分狂熱，總是把最新運動器材帶回家，剛買回來幾天會很勤勞使用，但不知不覺，運動器材就淪為堆放衣物的偽衣架，或移到角落生灰塵。然而下次再推出新的運動器材，他們還是會忍不住購買，就這樣越買越多。

心理學家為這種人取名叫「購物狂」（Compulsive Buying）。購物狂的行為是為了安撫不安或擔心等負面情緒，或者為了滿足過去或現在還沒來得及滿足的心理需求（承認欲望、擁有欲望、自我尊重等）而反覆消費的行為。與「衝動購買」（Impulse Buying）有部分相似之處，但也有不同。無論是購物狂還是衝動購買，當事人本身都很難察覺，也很難控制，但兩者在消費產生的心理原因方面其實有所不同。

首先，衝動購買與內心立即產生的欲望有關。吃到好吃的東西時會產生「想吃」的念頭，看到華麗精品時會產生「想要」的衝動，衝動購買傾向較高的人會對這些需求做出情感性且即時的反應，迅速解決需求並獲得滿足感。

那麼，購物狂又是怎麼樣呢？

與衝動購買不同，對購物狂來說，衝動購買無法解決欲望。體驗暫時的安心感和滿足感，可能會產生欲望得到解決的「錯覺」，但這並不是根本的解決方案。即使用再貴的衣服和名牌武裝，也不能挽回低下的自尊心。低自尊的原因之一，就是與他人持續的社會比較和自卑感，如果不改變這種心理習慣，無論怎麼花錢，都無法從根本上解決欲望。購物狂傾向較高的人與單純衝動購買傾向較高的人相比，除了自制力不足外，還伴有各種負面心理特徵。

因此，心理學家對衝動購買和購物狂採取不同的研究方式。針對衝動購物，除了考量個人的自制力問題等個人原因外，還特別關注誘發衝動購物的產品特性或店鋪環境等情境因素。而對於購物狂則更聚焦於個人的原因。如有必要，還會從其過去經歷中尋找線索。例如，某人在童年時期因父母嚴禁觀看漫畫而對漫畫懷有深深的「遺憾」，當他成年後擺脫父母的影響並擁有經濟能力時，可能會透過強迫性地購買和收藏漫畫書來彌補童年的遺憾。

實際上，購物狂具有多種心理原因。現有的心理學研究顯示，購物狂傾向越高，物質主義傾向就越高。物質主義傾向高的人，認為物質不是手段而是目的——換句話說，比起試圖透過物質實現什麼，更傾向於將獲取和擁有本身視為重要的生活價值。

物質主義和購物狂有什麼關係？反覆強迫、購買的人，試圖透過物質的獲取和擁有，來滿足自己無法滿足的心理需求。因為不考慮提高自尊心的其他根本對策，只執著於物質，因此自然地更看重物質，很容易產生只有物質才能解決這種空虛心態的錯誤信念。

不僅如此，購物狂傾向高的人不僅自尊感較低，憂鬱傾向也高，在日常生活中經常感受到壓力。特別是在面對壓力方面，與其他人相比，很少使用建設性的壓力應對策略。

總而言之，購物狂傾向較高的人偏好透過間接的方式緩解壓力；也就是說，沒有直接消除問題原因，而是繼續消費讓心靈得到安慰，以此來緩解負面情緒，這可視為一種「對症法療」。

如何避免成為購物狂？之前曾介紹過正念覺察，是專注在自己身上，去感受自己的呼吸、身體的移動、想法、姿勢、行動、長相等的做法。這意味著平時無意識反覆的行為或習慣，其實也能有意識地察覺到。覺察的核心是「無批判的接受」。心理學家表示，為了消除不安、憂鬱、未滿足的欲望帶來的遺憾等負面情緒，最重要的是要誠實，本人要自覺意識到這些感情的存在，承認並接受。無法承認和接受的問題無法得到解決，會繼續侵蝕我們的心靈，因此透過覺察進行意識化和無批判性的接受是非常重要的。

然而有趣的是，覺察的過程對減少購物狂行為及由此帶來的負面經驗也會產生積極影響。將覺察與消費行為相結合，心理學家稱之為「覺察消費」（Mindfulness Consumption），是指自覺到消費行為及消費過程中感受到的想法、情感等。實踐覺察消費的人，大都能清楚地意識到購物的目的，有意識地了解逛街、選購、付款的一系列過程。並且能清楚說明在購買過程中情緒發生了什麼樣的變化、當時的情感狀態如何，以及因何原因體驗到滿足感。

根據一項有關覺察消費的研究結果顯示，覺察消費實踐得越好，衝動購買和購物狂傾向就越小。另外，好好實踐覺察消費的人也比較沒那麼衝動，情緒調節能力和自我控制能力比較高。也就是說，只要認識到自己的每一個行為，我們就能更好地控制生活，而不是無意識地被行為所左右。

調節定向理論

在「天使」和「惡魔」之間找到平衡

在小說或漫畫中，經常能看到經歷內心矛盾的主角身邊出現「天使」與「惡魔」。例如在路上撿到錢包不知該怎麼辦時，不知不覺間在兩邊耳朵旁就出現了和藹面孔的天使和一臉狡猾的惡魔，開始發表各自的意見。惡魔誘惑說「反正沒有人看到，就收起來吧」、「錢包裡也沒多少錢，沒有關係啦」；相反地，天使則開始勸說「隨便拿別人的錢包是不對的」、「不是你的東西，快點交給警察吧」、「不可以貪圖別人的錢財」。

從心理學角度來看，表面上看似是他人正在進行說服，但天使與惡魔實際上也是當事者人格中的一部分。因此天使與惡魔之間的對立，就等於是「我」與「我」的對立。令人驚訝的是，這種內在矛盾的描述方式與心理學家愛德華・希金斯（Edward T. Higgins）提出的「自我差距理論」（Self-Discrepancy Theory）的假設非常相似。

希金斯解釋在我們心中有三個主人，第一個是「真實我」（Actual Self），就是指現在在這裡的客觀化「自我」；第二是「理想我」（Ideal Self），是反映自己想成為最好的樣子。經常表現為希望、夢想、未來等，透過理想我可以達到幸福、成功等人生理想的價值；最後第三個是「應該我」（Ought Self），是根據社會責任、義務、規範等意識到的自我。應該我講求正義，負責督促落實責任和義務。

雖然不是完全正確的比喻，但在前面提到的「惡魔」可以算是理想我，而「天使」則是應該我。理想我強調因某種果斷的決定、行動而獲得的甜蜜報酬，誘惑實際的自我；相反地，應該我則強調提及了因某種行動結果而可能出現的副作用和風險，並建議朝向符合規範和倫理的方向，更加慎重地行動。

但問題是，真實我和另二個我之間的矛盾是無法避免的。理想我教導我們要更加積極、果敢、目標導向，做到最好；應該我希望自己能成為更有善良影響力的人，對自己很嚴格，總是要求做一個正直、謙虛、慎重、深思熟慮的人，以自己的方式讓真實我感到痛苦。

在理想我和應該我各抒己見的情況下，真實我究竟應該站在哪一邊呢？當然，最美好的結局是同時滿足理想我和應該我。但實際上，不可能同時滿足，因此，真實我往往站在選擇的十字路口。那麼，該如何減少與自我的不一致呢？可以肯定的是，根據自己的選擇結果，整體生活目標和實施戰略會有所不同。

希金斯提出了「調節定向理論」（Regulatory Focus Theory），以解釋人們如何在這些自我之間尋求平衡與發展。

根據調節定向理論，人從理想我和應該我之中選擇一個聚焦，向減少與真實我不一致的方向同步。所以，透過觀察人提出什麼樣的人生目標，可以推測出他在理想我和應該我當中，更優先於哪一種自我。擁有更重視理想我的「促進型焦點」（Promotion Focus）的人傾向於以職業成就、個人成長、財富和名譽追求等為主要目標。而重視「預防型焦點」（Prevention Focus）的人，則把重點放在安全、責任以及防止可能發生的負面結果上。

假設有兩名登山者要爬山，兩人的目標是「到達山頂」，但是有相同目標的兩人卻有截然不同的策略。第一個登山者被山頂的迷人景色所吸引，一邊想像站在最高處向下俯瞰廣闊風景的興奮感，一邊登山。

第二個登山者與第一個登山者完全不同。他仔細檢查設備，研究最佳路線，再次確認天氣條件。為了達到頂峰，最重要的是小心不能發生墜落或受傷。大家應該也能猜到，第一個登山者運用的是促進型焦點，第二個登山者則是用預防型焦點。

調節定向理論具有一些實際意義，可以在日常生活中幫助我們。

第一，從職場、人際關係、健康等多種生活領域，可以推測出「我希望取得更好的結果，還是希望穩定維持現狀」，因為透過調節定向理論，我們可以更好地理解自己的動機和決策模式。

第二，如果掌握了我的調節焦點傾向，就可以朝相應的方向設定目標和戰略。如果把重點放在職場晉升，設定成長和發展的目標更有利於激勵自己。如果以穩定性為焦點，則可以針對更安全的選擇、履職盡責、防止負面結果等設定目標，產生更高的激勵效果。

有趣的是，對定向調節焦點傾向的理解，有助於對他人的溝通和說服。每個人都有比促進型焦點或預防型焦點更適合自己的、主要的焦點傾向。而且從說服的角度來看，要設計成符合說服對象重點的方向，才能發揮更大的效力。

例如，在職場中鼓勵工作時，對於有提升重點的員工強調「升職的可能性」，以「做好工作就能大幅提高升職機會」的潛在優勢來說服他們，這樣才有效果。而對於預防性焦點的員工，則強調「連續工作的可能性」，提出工作不順利時，考績可能會受到影響，以此說服他們。如果能掌握這些個人的定向調節焦點傾向，並採取相應的方法，就更容易將他人拉到自己這邊。

樂觀主義

看到同一顆星星有不同感動的理由

辛苦工作到很晚，步履蹣跚回家的某一天，無意中仰望天空，不知名的星星閃閃發光，有過這樣的經歷嗎？夜空中星星閃耀的原因是什麼呢？有人說，現在由於城市空氣汙染嚴重，夜空中很難看到星星，能親眼看到閃閃發光的星星本身就是幸運，也許會有好事發生，但有些人可能認為星光閃耀只是元素核聚變反應的科學現象而已。

大家都知道，即使看到同樣的情況，每個人都會有不同的解釋。有人喜歡浪漫，有人則喜歡客觀中立，這就是社會心理學中的「歸因理論」（Attribution Theory）。

歸因理論說明我們個人如何感知日常體驗的原因，無論是外部原因還是內部原因。一旦發生某種情況，人具有努力找出原因的本能，這存在幾個主要考慮的基準。

一是內部／外部標準，以此分為「內部歸因」和「外部歸因」。內部歸因是指相信事件的原因在於自己的行動或特質。假設「我通過了公司的面試，那是因為我是一個誠實的人，在面試中應對良好」。從自己的能力和努力中尋找通過面試的原因，這是典型的內部歸因。外部歸因是指將事件的原因歸咎於情況、他人等外部因素。同樣的面試，如果想到通過面試「（不是因為我的表現良好）是因為面試官喜歡我」，這就屬於外部歸因。

第二，可控性。如果將事件的原因，例如努力，歸為是自己可以控制的範圍，這就算是「可控性歸因」；如果將同樣的結果歸咎於與生俱來的能力、氣質、運氣等無法控制的因素，這就是「不可控的歸因」。

各位如何進行歸因呢？是將原因歸結於自己（內部歸因），還是歸結於外在（外在歸因）；是注重透過個人努力可以改變的東西（可控性歸因），還是把焦點放在無法控制的要素上（不可控歸因）？

有趣的是，根據主要歸因取向，可以形成「樂觀主義」（Optimism）傾向。形成樂觀主義傾向的「樂觀主義歸因」是指在就業、考試合格、告白成功等正面結果發生時，將其原因歸結於自己的能力或努力（內部、可控性歸因）；就業失敗、考試不合格、告白被拒絕等負面結果，歸結於外部因素的傾向（外部、不可控歸因）。簡單地說，因為「我做得好，所以得到完美的結果」和「都是我運氣不好，所以才會失敗」這樣的想法屬於樂觀主義歸因。

而「悲觀主義」（Pessimism）歸因，則是將正面結果歸結於外部、不可控的因素，負面結果歸咎於內部、可控制的因素。例如取得成就後，心想「我只是運氣好而已」，「不是因為我做得好」，降低自己的功勞，在經歷失敗時強調自己的責任，「都是因為我做錯了」，「我應該要做得更好」，這是悲觀主義歸因的典型表現。

心理學家馬丁・賽里格曼的「習得性無助」（Learned Helplessness）實驗，充分體現了樂觀主義歸因的重要性（習得性無助是指與自己的努力無關，反覆暴露在負面回饋時個人感受到的無力感）。這是以多隻狗為對象進行的電擊實驗，首先事先學習了在「可控條件」下的狗，可以自己觸碰操縱器來停止電擊；但在「不可控條件」下的狗，無論怎麼觸碰操縱器都無法停止電擊。過了一段時間後，研究人員準備了一種新設備，一樣有電擊，但由於前面有隔板，只要越過隔板就可以避免電擊。

結果如何呢？在「可控條件」下透過學習「可以避免電擊」的狗，越過隔板避開了電擊。這就是透過事前經驗，知道自己努力可以避免電擊的樂觀的歸因。但是在「不可控條件」下的狗卻不越過隔板，只是默默承受電擊。因為想著「無論做什麼事都沒有用」、「就算努力也無法改變」而遭到電擊，這就屬於歸因於外部因素，最終陷入習得性無助。

樂觀主義歸因被認為是避免陷入習得性無助威脅的重要資源。心理學的研究結果顯示，利用樂觀主義歸因的人，通常覺得自己能有效控制周圍的情況。透過自己的努力（內部歸因），可以更進一步（可控的歸因）解決問題，好好消除壓力、維持健康的生活等，表現出更加適應的樣子。因此樂觀主義者在應對憂鬱症或不安等情緒問題方面，也會更有利。

「一切都會好起來」、「既然如此，就只往好的方面想吧」、「正面思考就會變得幸福」，我們總是認為樂觀主義比悲觀主義更好。從自我開發書籍或相關的講座來看，大部分人也都強調「積極的力量」。養成積極思考和行動的習慣，人生就會幸福，這種想法雖然老套，但總是給我們帶來渺茫的希望和期待，讓人產生「對啊，最終一切取決於自己的決心」的想法。

但心理學家並不認為樂觀主義的氾濫是好事，樂觀主義固然有好處，但稍有不慎，腦海中描繪的積極幻想和客觀現實之間的距離就會太遠，這是必須注意的。陷入盲目樂觀主義的人，往往高估了自己的能力，對於需要理性解決的各種日常問題，也表現出視而不見的態度。

我們需要區分「盲目的樂觀主義」和「基於現實的樂觀主義」。盲目的樂觀主義有時是過分的，無條件的肯定對解決現實中的各種難題毫無幫助，有時甚至會造成妨礙；但基於現實的樂觀主義卻不同，能承認並接受生活中需要克服的各種困難瞬間，並不忘積極的一面。

盲目的樂觀主義可以告訴人們如何努力忽視現實中的失敗和挫折，但代價是剝奪了從失敗中汲取教訓的機會。相反地，基於現實的樂觀主義並不能保護我們免受失敗和挫折帶來的痛苦，卻能讓我們透過失敗，擁有成長的機會、重新嘗試，從而創造更好的未來可能性。

汙名化效應

不被負面評價所束縛的方法

「你好像沒什麼藝術天分。」直到現在，我還記得小學時導師對我說的話。當時並未特別感到挫折，因為是老師說的，所以只是覺得那句話是對的，但是聽到這句話後，我在上美術和音樂課的態度發生了變化。感覺自己的努力和結果好像很遠，對失敗變得淡然。心想「反正我本來就沒有藝術天分」、「能拿到這個分數就已經很不錯了」，然後放棄為了取得更好的成績而該盡的努力。

長大後重新思考，「我真的沒有藝術天分嗎？」、「是不是太相信老師或周圍大人們說的話？」我修改了對自己的評價。現在覺得，老師說我沒有藝術天分那句話，並不完全是對的。

事實上，我不擅長畫畫，陶藝也很生疏，對自己製作的藝品或畫畫沒什麼自信；但我喜歡文學，從小就會找各種文學作品閱讀，看教科書上收錄的名人詩詞，覺得「真的寫得很好」。我雖然在美術課上沒有得到好評，但我寫的讀後感或作文都受到稱讚，還參加不少作文比賽。青春期時，還曾在網路連載愛情小說，並參加徵文比賽獲獎。沒錯，為什麼當時沒有意識到呢？也許我也有隱藏的藝術天賦，只是表達方式不是美術，而是文字。現在想來，對於自己曾花了那麼久的時間才質疑「自己對藝術毫無天分」這樣的「汙名化」（Stigma），感到有些遺憾罷了。

在心理學中，負面特質或評價等支配個人，使潛力難以發揮的現象被稱為「汙名化效應」。汙名化之所以可怕，是因為這會切斷個人的發展性和潛力，而且產生的負面結果會進一步加深汙名的威力。

假設A的實力明明就很不錯，卻被評價「你不擅長做這份工作」、「你好像不太適合職場生活」、「你看起來不適應」等烙印，A就會開始懷疑自己，在不知不覺中妨礙自己發揮實力。看著A辛苦的樣子，周圍的人會怎麼想呢？「果然不出所料」、「我早就知道會那樣」，周圍的人們會更加戴上偏見的眼鏡觀察A。A被汙名化的重量壓垮後，會感到更大的壓力，工作成效自然會低下，很可能因此陷入惡性循環。

如果來自他人的「社會汙名」（Social Stigma）持續，在心理上會發生什麼事情呢？心理學家解釋，如果這個汙名化持續時間長，受害者就會忘記汙名的來源，忘記被別人賦予汙名的事實，將汙名內化，將因汙名帶來的負面結果完全歸咎於自己。

像這樣被困在「自我汙名」（Self-Stigma）中，人會開始自己製造汙名。只會貶低自己，認為自己的一切微不足道，不再有反抗汙名的意志。在這種情況下，最可怕的不是他人的指指點點那些外部敵人，而是內部敵人——「我」，隨時對自己進行指責。

其實，汙名化的範圍非常廣，並不侷限於個人。有時在固有觀念的名義下，性別、人種、年齡、出身背景、國家、民族、地區社會、學歷等也會被賦予負面刻板印象的汙名，心理學家把這叫做「成見威脅」（Stereotype Threat）。從以下實驗可以看出，成見威脅確實存在。

實驗參與者均為女性，先灌輸給實驗組成員「女性數學差」的刻板印象。實驗組與對照組的學歷和實力不相上下，但被灌輸刻板印象的參與者，與沒有暴露在刻板印象的參與者們相比，數學考試的成績更低——因為他們意識到刻板印象的存在，可能比平時感到更大的壓力。

令人驚訝的是，在實驗組中有些人試圖反抗刻板印象，但與對照組相比，實驗組的執行成效也比較低。這可以解釋為消極的刻板印象在腦海中縈繞，製造認知負擔，因此很難集中執行。以結果來看，在我們生活的現實世界中，依然存在各種刻板印象和偏見，人不可能完全擺脫汙名化效應。

那應該怎麼做，才能有效應對施加在自己身上的汙名，恢復隱藏在我內心的潛力呢？如前所述，如果汙名化效果持續，會讓人很難意識其存在，並在不知不覺中逐漸內化。因此，我們首先要做的就是探索自己被汙名蒙蔽了什麼，為此我們必須回顧自己的「侷限性」。

「你對這件事沒有天分」、「你是沒有運動細胞的人」、「你不是念書的料」……回想一下，是否曾因為他人的評價而為自己設限？如果有這樣的經歷，就該冷靜地把對這些汙名的感受記錄下來。在各種否定評價中，有沒有特別同意的內容，也許這是最強烈的汙名，甚至無法反擊。

其次，必須回想一下自己對負面評價可以提出的反證。為了挑戰「不是念書的料」這個汙名，可以提出證據反擊，「儘管如此，○○科目成績還是不錯」、「除了成績之外，在○○方面其實很有興趣」、「雖然不是坐在書桌前學習，但以前在○○的經驗對我來說很珍貴」、「因為好奇，沒有人教，我就自己去學」把這些反證記下，再輪流拿「反證」來質詢「汙名」，那樣的負面評價真的恰當嗎？或許是自己畫地自限，而忘了還有隱藏的潛力吧？

心理時間觀

與死亡的距離改變人生態度

「人生中最後悔的事情是什麼？」正向心理學家認為這個問題很重要，因為他們相信，透過探討人生中後悔的事，可以知道需要追求的目標、價值觀或意義等，這種洞察力就會與被視為人生終極目標的「幸福」聯繫起來。有趣的是，對於這個問題，隨著年齡的不同，回答也出現了差異。

青年們主要談論有關成就、挑戰或新的經驗的遺憾，「早知道就開始新的興趣」、「如果多去旅行就好了」、「早知道應該去考研究所」、「應該去其他產業看看」、「早知道就大膽創業」。青年們對還沒來得及去的地方、沒來得及做的事感到遺憾。

但是同樣的問題問老人會什麼回應？老年人回答問題的傾向，主要集中在「人」。「年輕的時候應該多認識一些人」、「當時應該和那個朋友更親近一些」、「如果時間倒流的話，我想和心愛的家人一起創造更多幸福回憶」等。青年和老人的回答如此不同的理由是什麼呢？對此，心理學家蘿拉・卡斯滕森（Laura L. Carstensen）指出，這是對人生剩餘時間的觀點差異。

為了理解對時間的看法差異，首先要思考「老年人的幸福」。在體力下降，有很高機會健康會出問題、認知功能下降、身邊的人也開始漸漸離去、自己也接近死亡等這些負面事件接連發生的情況下，老年人怎麼能說自己依然幸福呢？難道這只是單純的自欺欺人嗎？心理學將該現象稱為「老化悖論」（Paradox Of Aging），卡斯滕森的「社會情緒選擇理論」（Socioemotional Selectivity Theory）中，為找出老化悖論的線索，特別關注「時間觀」（Time Perspective）的差異，以及老年人的主動情緒調節。

每個人都有自己的心理時間觀，這與物理時間不同。特別是根據「我還剩下多少時間可使用」的認知，可以分為還剩很多時間的「開放式未來時間觀」（Open-Ended Future Time Perspective）和認為時間所剩無幾的「有限未來時間觀」（Limited Future Time Perspective）。

具有開放性未來時間觀的人大都是青年，他們相信自己活著的日子還很長，所以為了學習知識相關目標，即學習新事實、開發經歷等，為了成長投入了很多時間。相反地，擁有有限未來時間觀的大部分都是老人。他們因為認為人生所剩無幾，因此表現傾向出更加集中於現在的感情滿足，或是有深度的人際關係。雖然社會關係網絡似乎限縮了，但同時他們也比青年花更多的時間與家人、朋友、同事等親近的人建立友誼。

時間觀的差異會導致認知焦點的差異。相關研究指出，與青年相比，老年人對情緒形態的刺激反應更加敏感。例如，從選舉宣傳資料來看，青年們主要關注候選人的信息、承諾內容等「文本」，而老人們則把焦點放在候選人笑容滿面的「形象」或「愉快地改變」、「傳達愛和幸福」等情感口號上，表現出評價候選人品性的傾向。

卡斯滕森解釋說，從結果來看，關注這種情緒目標的主動變化，而不是與知識相關的目標，才是理解老人幸福的重要線索。對於老人來說，情緒上的親密感不僅僅是小確幸，也是生活目標的重要部分。因此，老年人的孤獨比青年的孤獨更殘忍。青年們可以埋頭於知識學問中，最重要的是剩下的人生時間很多，可以盡情做任何改變，但是老年人並非如此。韓國老年人自殺率在世界上排名居高不下，從心理學的角度來看，造成這一悲劇的重要原因就是情緒目標追求失敗，也就是孤獨感和被疏離感所導致的。

但我們要記住的是，社會情緒目標追求的差異（知識相關目標對情緒目標）不是因為「年齡」，而是「時間觀」的差異。通常青年和老人會表現出時間觀的差異，所以只是以青年、老人為例。不過實際上即使是同年齡的人，根據時間觀的差異，追求目標的方向也會有所不同。

舉例來說，一項心理學研究以二十多歲的青年為對象，讓他們想像自己七十五歲的樣子，結果出現了時間觀及目標追求方向變化的差異。不僅如此，透過相關研究還發現，在暴露於「畢業」、「移民」、「離別」等象徵「最後」的條件時，時間觀會發生變化，追求情緒目標的傾向性也會增大。這些研究成為證明可以透過人為改變時間觀來調整生活重要目標的證據。

那麼，關於時間觀的心理學研究結果，給我們的教訓是什麼呢？社會情緒選擇理論顯示，關注老年人的主動情緒調節（將知識相關目標轉化為情緒目標）的重要關鍵，就是集中於滿足現狀、親密的紐帶感。即使身體上還很年輕，但因為意識到「時間有限」，所以會更注意情緒目標。時間有限的想法可以誘導我們關心和愛惜重要的人，經常有人說「趁還年輕好好做」、「珍惜現在的關係」等，社會情緒選擇理論成為了這些建議的科學依據。

另一方面，社會情緒選擇理論不僅是對幸福的重要洞察，還具有提醒隨著年齡增長應該為幸福努力的作用。無可否認，變老的確是一件相當令人害怕的事情。外表逐漸失去光彩，可能需要頻繁就醫，工作的效率也可能大幅下降。但是，正如老化悖論所體現的，衰老過程並非總是帶來消極的結果。我們可以透過年齡增長來領悟情緒目標的重要性，並學習重新調整人生中的各種優先順序。

我們理解了老年的孤獨是如此殘忍，也知道情緒交流越來越重要，那麼從現在開始，我們可以為老後的幸福做好準備。當然，這裡所說的養老準備不僅僅是指經濟準備，還有情緒上的紐帶感和親密感，與珍貴的家人、朋友建立情感的過程，也都應該包括在應對老年生活的範疇中。

後見之明偏誤

善於出主意的人在股市失敗的理由

看電視時，偶爾會有感到「鬱悶」的時候。舉例來說，假設在男女聯誼的電視節目中，各自進行自我介紹，一個一個出來說明自己的年齡、職業、生活的地方、興趣愛好等。偶爾會有這樣的時候，來賓尚未說出自己的職業，但不知為何就能猜到。

「我的職業是補習班的英語講師。」

「看吧！」來賓一說完，電視機前的大家就七嘴八舌：「我剛剛就在想他一定是教英語的，果然沒錯」、「你看，我不是說了嗎？」、「我就知道」、「一看就是英語老師」。也有相反的狀況。例如以為是廚師，但實際上是律師。在知道正確答案後，才去觀察他的語氣、行動、姿勢、服裝、外貌等，這才覺得好像是。「啊，怪不得」、「本來不覺得，但再看一遍，講話有條理、沉穩的印象都很像律師啊，我怎麼沒想到呢？」事實上，在自我介紹之前表現出的言行並沒有什麼意義。重點是在得知「結果」後，我們再將原本毫無意義的線索拼湊在一起，使其準確符合結果。

有時看到某個訊息，會想「我就知道會那樣」、「這不是理所當然的常識嗎？」或者，在複習考試的過程中，因為無論怎麼絞盡腦汁都解決不了的問題而苦惱，結果一翻開正確答案，又會因為解答過程和正確答案太簡單而感到空虛——「真是，這麼簡單我怎麼沒想到呢？真是笨！」

對於已經知道的結果，將先前的猜測誇大說明或合理化的傾向，心理學家稱之為「後見之明偏誤」（Hindsight Bias）。也就是說，我們認為可以預測已經發生的事，但實際上我們並不能預測。大部分積極事件背後都有其應有的努力和原因，相反地，悲劇事件大多是「預料之中的慘事」，是「事先完全可以阻止的人禍」。

讓我們更詳細地了解一下後見之明偏誤的心理過程，存在幾種令人擔憂的思維習慣，導致事後確信偏差。

第一，「確證偏向」。確證偏向是指只選擇性地接受符合自己想法的訊息，同時無視不符合自己的訊息之現象。已經揭露的結果大都是「事實」和「現實」，如果我們不想否定現實，陷入妄想，就會重新評估過去線索，以支持結果。與結果相關的訊息會被積極地接受，相反，現在看來與結果無關或正在預測相反方向結果的訊息，會被忽略或廢棄。

第二，反過來說，越是平時具有根據各種訊息進行邏輯思考習慣的人，事後陷入確證偏向的可能性就越大。為什麼呢？越是複雜地思考，腦海中就會浮現出很多結果、圍繞結果的各種對策或可能性、原因，這意味著有更多的線索可以配合結果。掌握的線索越多，即使發生多麼出乎意料、超出常識的結果，也越容易湊合。

從根本上來說，我們為什麼會陷入後見之明偏誤呢？因為後見之明偏誤為我們提供了巨大的心理優勢，也就是「控制感」、「理所當然」、「已經知道」、「完全在預料之中」的錯覺，減少了未來預測相關的不確定性，提高我們對世界的控制感，也藉此稍微消除我們的不安。

例如準備創業的人，看著其他前輩創業家的成功或失敗經驗之談，各自分析成功和失敗的原因。分析的理由固然是為了獲得適用於自己的實質幫助，但在此之前，還包含了想把本質上充滿不確定性的創業這條路，換成可以預測和控制的心理願望。透過像是「所以只會失敗」、「成功都是有理由的」的思維，將創業的成敗從運氣轉為努力和預測的範疇，藉此獲得控制力和安全感。

另一方面，理解後見之明偏誤也會成為改變我們看待世界的機會。從意識到後見之明偏誤的存在，可以了解「平時我們認為理所當然的事，事實上可能並非如此」。結果出來後，似乎所有現有的線索都預測到了這一點，但事實上，當時也有很多反對的證據。另外透過確認「如果我不知道這個結果，我會做出怎樣的預測」、「如果出現了與實際相反的結果，我能預測到嗎？」，可以成為更冷靜地認識世界各種複雜趨勢的契機。也就是說，在認識到後見之明偏誤的同時，我們可以培養批判性思考能力。

來看看所謂成功人士的自我開發書籍吧！談論成功的方法，並介紹了自己獨有的各種祕訣，像是早起、管理時間、建立人際關係、挑戰等，從表面上看是值得提倡的，但要如何知道這些祕訣中哪個是「關鍵」？如果一模一樣地跟著做，我們可以保證成功嗎？此時正是反思「後見之明偏誤」所帶來的教訓，並以批判性思維重新審視的機會。我們應該記住，人們習慣透過結果來合理化所有的行為，並賦予其意義的傾向。

自我決定性的孤獨

自發性的孤獨讓我成長

當時是二〇一〇年代初期，我退伍後回到學校復學，不幸的是，沒有一起吃飯的朋友了。聯繫朋友後發現，有的退伍時間比我晚，有的休學，或忙於準備就業，在結交新朋友之前，有幾個月的時間我都是一個人吃飯。現在一個人吃飯沒什麼奇怪，但在當時，至少在我看來，獨自用餐是一件既陌生又令人恐懼的事情。擔心會遇到路過的熟人，所以常是狼吞虎嚥快速吃完就離開。回想起來，當時一個人吃飯實在非常痛苦。感覺「全世界只有我一個人」的孤獨感襲來，自信心也隨之下降。在持續的孤獨感中掙扎，不停深入思考「孤獨是什麼」。

心理學是如何解釋孤獨呢？心理學家在調查人們感到孤獨的情況、感情等時，發現孤獨也區分成很多種。

心理學家把孤獨分為「情感孤獨」和「社會孤獨」。情感孤獨是指在人與人之間的親密關係中（例如家人、伴侶、親密朋友）所經歷的孤獨感。而社會孤獨則是指在鄰里關係、社區、工作場合等較為淺層且廣泛的社會網絡中，因未能參與或原有的網絡崩解而產生的孤獨感。

有趣的是，情感孤獨並不能保證社會孤獨，反之亦然。即使是和家人關係親近的人，也可能在公司因人際關係不順暢而遭受孤獨；相反地，有人在公司與同事們的關係很好，經常出去玩，但是和家人的關係卻很疏遠，一回到家就感到孤獨。

有些心理學家也會將情緒上的孤獨進一步細分，分為「家庭孤獨」和「浪漫孤獨」，換句話說，家庭間的關係帶來的孤獨和沒有戀人帶來的孤獨是兩碼事。實際上，無論家人之間的關係多麼深厚，沒有戀人的孤獨感也不會消失。當然，反之亦然。

為了更理解孤獨，不妨試著回答以下問題：大家什麼時候經歷過孤獨感？容易感到孤獨的人有什麼特徵呢？對於這樣的提問，很多人都會說「一個人的情況」，一個人待著很孤獨，特別是非外向的人又獨自生活的情況，所以覺得更加孤獨。但實際上，即使在物理意義上不是獨自一人，人們也可能感到孤獨。正如某位詩人所說：「你在我身旁，我卻依然想念你。」

心理學家具體指出，比起是否獨自一人，是否覺得自己和想建立親密關係的某人「有聯繫」，對孤獨感會產生很大的影響。即使是在人群中，即使有很多人熱情交流，但假設我對人際交流的期待值得不到滿足，還是會感到孤獨。相反地，在孤獨的情況下，若能想到家人在家等待自己，那麼即使是獨自一人，也會有「不是一個人」的感覺。

性格差異也會對孤獨感的經驗產生影響。研究性格和孤獨感之間關係的心理學家透過統計證明，具有低親和性（Agreeableness）、低外向性（Extraversion）以及高神經質（Neuroticism）傾向的人，更容易、更強烈地經歷孤獨感。也就是說，人際交流有限，或從事事務性工作、平時容易焦躁不安的人，更容易感到孤獨。

那麼，孤獨感會對我們產生什麼樣的影響呢？最廣為人知的是孤獨感帶來的各種負面身體和心理影響。美國公共衛生服務軍官團（United States Public Health Service Commissioned Corps, USPHSCC）曾發表過研究報告，將孤獨感的負面影響比喻為「相當於每天抽十五支香菸」。事實上，相關研究顯示，越是容易感到孤獨，就越有可能出現飲食障礙、睡眠困難、免疫力下降、早期死亡率增加等多種負面問題。不僅如此，高度孤獨感還與憂鬱、不安、絕望、自我貶低、自我尊重感、罪惡感、低幸福等密切相關。

由於孤獨感可能產生的負面影響相當大，心理學家認為孤獨感已經超越了個人經驗層面，成為社會問題。例如韓國心理學家公布的「韓國孤獨指數」為七十八分（滿分一百分），顯示韓國人感覺很孤獨。另外，從韓國政府每年發表孤獨死調查結果，以二〇一〇年代後期為基準，連續五年以上，孤獨死亡人數呈增加趨勢。這些現象反映出，孤獨感已經不再是個人問題，而是一個需要社會共同關注的議題。

那麼對策是什麼呢？消除孤獨感嗎？心理學家表示，孤獨是人類本能。因此，孤獨感是無法消除的。但是孤獨受到我們的主觀解釋和判斷的影響，因此根據我們如何認識和接受孤獨，可以決定是留下孤獨作為敵人，還是把孤獨視為堅實的友軍。這就是關於「自我決定性孤獨」（Self-Determination Loneliness）。

孤獨一定不好的嗎？人可能不想要孤獨，但也可能自發選擇孤獨。我日前向公司遞交了辭呈，選擇自我決定的孤獨。因為辭職了，所以很難再見到同事，日常變得孤獨。但是我並不討厭那種孤獨。辭職後第二天早上起床時的心情至今無法忘記。「我是不是錯了」的想法只是短暫的，接著馬上產生「現在我自由了」、「我要一個人散步，去咖啡店看書」、「一個人旅行也不錯」、「現在時間都是我自己的了」等想法。自我決定性孤獨為我提供了自我補償和反省的契機。

心理學家強調了「適當的孤獨能力」的重要性。也就是說，了解孤獨帶來的優點，懂得主動選擇孤獨的能力，才是適應社會或自立所必須具備的要素。事實上，選擇自我決定性孤獨的人，表現出與現有對孤獨的研究報告相反的特徵。相關研究顯示，他們的孤獨對生活的滿意度、樂觀性、幸福、創意性、開放的態度等產生了積極影響。關於上班族「一個人吃飯」的心理學研究中，「自發選擇」一個人吃飯的人，可以擁有自我探索的時間，體驗獨立，主動思考給予自己的補償等，可以體驗到很多積極的一面。

我們經常認為「孤獨」是不好的，但有必要記住，根據如何看待孤獨，反而會對自己的發展和幸福產生積極影響。

敬畏感

拓寬思路的心理策略

在美國驚悚電影《絕命終結站》（*Final Destination*）系列中，沒有出現特別的反派角色——不，應該說不能出現，因為該電影系列的反派即是「死亡本身」。

主角一行人意識到自己注定會嚴重受傷或死亡，無論如何都要努力避免這種命運，但命運總以各種異想天開的方式來到主角一行人身邊，讓每個人最終都死亡。電影中為了強調「死亡的命運是絕對無法避免的」，上演了虛假的死亡。雖然預想到死亡會到來，所以人們小心翼翼，但偏偏向危險的方向滑倒，或者偶然戴的手錶在某個地方卡住而突然著火，最終所有人以完全無法預料的方式迎接死亡。就這樣，《絕命終結站》系列以所謂的「敬畏感」（Awe）的感情為素材，創造了廣大的人氣。

敬畏感是指面對壓倒性的刺激，人類經歷的驚奇和恐懼。敬畏感尤其在許多人類感情中具有獨特的特徵，就是「驚奇」和「恐懼」這種積極和消極共存的情感。像恐怖電影、災難電影這類可能引發不適感的類型作品之所以大受歡迎，正是因為它們能同時帶來恐懼與驚奇。

那麼，我們在何時、看到什麼會感到敬畏呢？敬畏感的核心在於事件能否超越平凡的常識和認知。因此，物理尺度的龐大對於觸發敬畏感具有影響力。例如，無邊無際的廣袤宇宙、巨大的懸崖或瀑布等自然景觀，遠遠超出了我們日常所能處理的大小概念，從而讓我們感到敬畏。此外，不可抗力同樣是引發敬畏感的重要來源。天災、死亡、時間的流逝、命運以及神祇等超越人力的存在，讓我們面對這些不可抗拒的對象時感到壓倒性的無力與恐懼，但同時也感受到一種奇妙的驚奇。這種矛盾的情感體驗正是敬畏感的核心特徵之一。

敬畏感中隱藏怎樣的力量呢？除了透過恐怖、災難電影感受到的魅力外，敬畏感的底層還存在值得我們關注的各種心理益處。

首先，必須仔細觀察我們達到敬畏的心理歷程。通常，令人敬畏的刺激會壓倒我們的感覺和認知，因此為了順利處理訊息，我們必須擴大平時的思維範圍。為了接受陌生和新的刺激，必須排除現有常識，將注意力範圍擴大到外部更廣泛的對象。總之，敬畏感可以達到拓寬思考範疇的作用，使我們能更廣泛地看待和思考。心理學家解釋，會誘導人們擁有更「寬廣的心」的敬畏感，主要有二大特性。

第一，敬畏感有助於自我反省。特別是對調整心態的過程很有用，能「原原本本」客觀地意識到自己的想法和行動流程。為了客觀地感知自我，我們需要脫離主觀。也就是說，與其作為自己觀察自己，不如像第三者一樣，以成為他人的視角來觀察「我」。如果比喻的話，可說是從第一人稱視角向第三人稱視角的轉換。透過敬畏感擴大認識的話，可以在更遠的距離，用第三人稱視角觀察自己會更容易。

第二，敬畏感具有促進利他傾向的作用。可以用更寬廣的心態理解和包容他人的錯誤，同時給他人的直接幫助，維持友好的態度。

舉例來說，一項心理學研究將參與者分為實驗組和對照組，然後向兩組展示不同的電影片段。實驗組觀看了主角突然變成動物後，在天上飛來飛去，改變全世界色彩的雄壯場面。而對照組觀看的影片，主角只是在牆上刷油漆。影片時間均為四分二十秒，看完之後，參與者都收到博物館參觀門票，並要決定是否願意將門票捐贈給別人。

研究結果顯示，觀看令人產生敬畏感的雄壯場面影片的實驗組，比觀看刷油漆影片的對照組更強烈表達捐贈門票的意向。此外，該研究還觀察到敬畏感可能會影響實驗參與者的耐心。事實上，在有關門票捐贈的問題的同時，還提議實驗參與者完成有難度的課題，而實驗組的參與者比對照組參與者的完成度更高。可以推測，敬畏感讓這些參與者的心境變得更加寬廣，他們可能會認為「世界上有比這更困難的事，這點小事根本不算什麼」。

各位最近對什麼感到敬畏呢？儘管敬畏感帶來的各種積極效果，但遺憾的是，我們在日常生活中感到敬畏的事情並不多。人類是適應性極強的動物，即使面對再怎麼巨大或壓倒性的事物，如果我們持續接觸，最終會逐漸變得習以為常，最初的驚奇和恐懼感也會隨之消失。

恐怖電影和災難電影也一樣，小時候第一次接觸這些電影時，因為害怕和激動的心情而晚上睡不著覺，但成年後的現在，對那些電影就很難激起興趣。因為經常看同一類型的電影，所以大概了解劇情發展模式，知道怪物會被消滅，最終問題會得到解決，得到大團圓的結局，所以不再有緊張和驚奇。雖然比起在家看，去電影院看因為巨大的螢幕和聲光效果比較會有敬畏的感覺，但是即使這樣也很難擺脫「反正是虛構的內容」、「以前好像看過了」這類想法。所以心理學家現在更推薦「去陌生的地方旅行」。

旅行是擴展我們認知的最有效方式之一，尤其是在前所未有的陌生環境旅行，經常會挑戰我們原本的常識或觀念。在旅途中，當我們在景點間徘徊，留下難忘的照片，往往會被出現的壯麗景色所驚豔，這些美麗的風景帶來了驚奇和恐懼感。許多人表示，在旅行中不僅獲得了休息，還得到了反思自己生活的寶貴機會。透過旅行所體驗到的複雜情感，尤其是敬畏感，為自己提供了更多思考的空間。

如果最近感覺生活遇到瓶頸、無趣，心靈空間似乎越來越狹窄，就去個從沒想過的地方旅行如何？讓在陌生地方所感受到的敬畏感，成為生活的新動力吧！

國家圖書館出版品預行編目資料

大人系聰明心理學：用 50 個趣味心理學培養成長心態，找回生活掌控感 / 許用會（허용회）著；馮燕珠譯 .-- 初版 . -- 臺北市：日月文化出版股份有限公司，2025.03
320 面；14.7*21 公分 . --（大好時光；91）
譯自：심리학을 만나 똑똑해졌다
ISBN 978-626-7641-22-4（平裝）
1. 應用心理學
177 114000932

大好時光 91

大人系聰明心理學

用 50 個趣味心理學培養成長心態，找回生活掌控感

심리학을 만나 똑똑해졌다

作　　者：許用會（허용회）
譯　　者：馮燕珠
主　　編：俞聖柔
校　　對：俞聖柔、魏秋綢
封面設計：之一設計工作室／鄭婷之
美術設計：LittleWork 編輯設計室

發 行 人：洪祺祥
副總經理：洪偉傑
副總編輯：謝美玲
法律顧問：建大法律事務所
財務顧問：高威會計師事務所
出　　版：日月文化出版股份有限公司
製　　作：大好書屋
地　　址：台北市信義路三段 151 號 8 樓
電　　話：（02）2708-5509　傳　　真：（02）2708-6157
客服信箱：service@heliopolis.com.tw
網　　址：www.heliopolis.com.tw
郵撥帳號：19716071 日月文化出版股份有限公司

總 經 銷：聯合發行股份有限公司
電　　話：（02）2917-8022　傳　　真：（02）2915-7212
印　　刷：軒承彩色印刷製版股份有限公司
初　　版：2025 年 3 月
定　　價：380 元
I S B N：978-626-7641-22-4

生命，因閱讀而大好